AF361101

CODE

DES

PRUD' HOMMES.

CODE

DES

PRUD'HOMMES

ANNOTÉ

Des dispositions de la législation avec formules et modèles des actes qui dépendent de leur ministère, auquel on a joint un Recueil chronologique des Lois, Décrets et Ordonnances qui leur sont applicables, ~~~~~~~~~ des frais en matière civile criminelle et de po~~~~ avec une table Alphabétique des matières. Dédié à Messieurs les Ministres de la justice, et du Commerce,

PAR A. DURUT,

ANCIEN AVOUÉ ET SECRÉTAIRE GREFFIER DU CONSEIL DES PRUD'-
HOMMES, DE LA VILLE DE BAPAUME (Pas-de-Calais).

PREMIÈRE ÉDITION.

ARRAS :

Imprimerie de GORRILLIOT-LEGRAND, Lithograp'e, chez
GORRILLIOT-QUIGNART, rue St. Géry N.° 259.

1836.

LETTRE DÉDICATOIRE DE L'AUTEUR

A MESSIEURS, MESSIEURS, LES MINISTRES

de la

JUSTICE ET DU COMMERCE.

MESSIEURS,

Un usage généralement admis par les lois de la politesse, permet à l'auteur d'un nouvel ouvrage, d'en présenter l'hommage aux personnes, pour lesquelles il éprouve la plus haute vénération.

C'est donc animé de ce sentiment que je prends la respectueuse confiance.

MESSIEURS,

De vous adresser un exemplaire d'un Projet de Code de Prud'hommes que j'ai cru utile de rédiger dans l'intérêt de la classe nombreuse et intéressante d'industriels et de manufacturiers, qui tous, ont le droit de jouir des principes fondamentaux de la profession qu'ils exercent.

L'emploi que j'occupe , et une étude particulière des Lois exceptionelles qui concernent les Conseils de Prud'hommes , m'ont mis à la portée de connaître le besoin de quelques rectifications, qu'il était indispensable d'opérer comme de réunir en un seul ouvrage , cette partie de législation qui leur est particulière.

Le but que je me suis proposé, n'a eu pour objet qu'un dévoument à la prospérité de mon pays ; il suffira sans doute pour faire oublier la hardiesse de mon entreprise et le jour qui m'apprendra que vous avez daigné, Messieurs, l'accueillir avec bienveillance sera le plus beau de ma vie et ma plus douce récompense.

Agréez ,Messieurs, l'assurance du sincère et respectueux attachement avec lequel , J'ai l'honneur d'être,

Votre très humble , très obéissant et dévoué serviteur ,

Durut.

Bapaume , le 15 septembre, 1836.

AVANT-PROPOS.

Plus on a le désir de voir la loi, obtenir une exécution complète, plus on a celui de la voir tellement claire et précise, qu'il n'y ait plus de prétextes pour lui substituer l'arbitraire ; et lorsquelle est conçue en des termes si généraux, qu'elle semble laisser la liberté de se méprendre sur son application à des cas particuliers: il est à craindre que des hommes investis du droit de juger leurs semblables , ne prennent à contre-sens une loi dont ils ne saisissent l'ésprit et la portée. C'est pour éviter ce grave inconvénient qui se rencontre journellement dans l'application des lois et Décrets relatifs à la juridiction *des Conseils de prud'-hommes ;* que j'ai pris la détermination de rédiger un Code qui leur fut applicable, et fît disparaître l'obstacle qu'éprouvent à chaque instant ces Conseils, dans l'exercice de leur ministère.

Ce n'était pas assez d'avoir par la création de ces tribunaux exceptionnels, offert une garantie à la classe Industrielle et Manufacturière.

Il fallait aussi établir des règles qui fussent tellement claires , tellement précises , tellement en harmonie avec leurs besoins ; qu'elles leur présentassent au premier coup d'œil , les moyens d'exécution qui font partie de leur attribution.

Les Conseils de prud'hommes établis dans les principales Villes de fabriques , ont été en quelques sortes renouvelés par les lois du 18 Mars 1806 et 11 Juin 1809.

Leurs attributions sont réglées, par une loi et quelques Décrets antérieurs.

Postérieurement il à été rendu des Décréts, des Ordonnances, qui font aussi partie des matières de leur compétence et qui se trouvent dissiminés dans la volumineuse collection du Bulletin des lois.

Dans quelques unes on remarque qu'au nombre des attributions qui leur sont conférées ; celle de connaître et prononcer en matière de police judicière, y est également mentionnée comme on le voit au chapitre 5 de ce Code, dans ces sortes de procédures tout homme le moins versé dans la connaissance des lois sait, que la première condition imposée à la validité d'un Jugement de tribunal de police, est de contenir la mention *de la présence et les conclusions du Ministère public* ; et qu'à défaut de cette formalité tout jugement qui émane de ce Tribunal est substentiellement nul.

Eh bien ! que l'on compulse toutes les lois relatives aux Conseils des prud'hommes, l'on sera convaincu qu'aucune n'indique la personne chargée de la vindicte publique, et que cette partie intégrante des Tribunaux de police à été mise en oubli.

Par son article 9 , ce Code rectifie cette illégalité.

Aux termes des articles 10 , et 11 , titre 2, du Décret du 11 Juin 1809, et l'article premier du Décret du 3 Aout 1810. On voit que les Conseils de prud'hommes sont chargés de prononcer sur toutes les contestations qui naissent entre Marchands-Fabricants, relativement à la branche d'industrie qu'ils sultivent.

Or, la contestation qui s'éléve entre deux Marchands-Fabricants relativement à la contrefaçon: ou à l'usurpation d'un Brévet d'invention que l'un d'eux à obtenu pour les opérations de sa Fabrique, est bien une contestation relative au genre d'industrie qu'ils exercent , et conséquemment une contestation qui doit être soumise au jugement des prud'hommes , seuls d'ailleurs compétens , pour apprécier si dans l'opération du Fabricant accusé il y a ou non contrefaçon ou usurpation du Brévêt d'invention.

Cependant une loi du 25 Mai 1791 , titre 2 , art. 10 et 11 , attribue aussi aux juges de paix la connaissance de ces sortes de contestations ; de là , un conflit de juridiction qui nuit indubitablement aux parties et leur occasionne des frais préjudiciaux.

L'article 16 § 14 , fait cesser toute incertitude sur ce point en donnant spécialement aux Conseils de prud'hommes là , où ils sont établis , la connaissance de ces sortes de contestations.

En donnant aux conseils des prud'hommes des attributions Administratives et judiciaires , il fallait également leur tracer des règles certaines qui servissent de bases à leur conduite et à leurs décisions. L'omission de ces règles les met souvent dans une incertitude embarrassante.

L'article 20 de cet ouvrage en appliquant à ces Conseils les principes généraux établis dans les titres 3 et 4 du Code civil les fera marcher avec sécurité , avec méthode et disparaitre cette irrégularité.

Les chapitres 5 et 6 , renferment la nomenclature des actes et jugemens en Matière criminelle et de police qui rentrent encore dans leurs atributions :

Aucune loi n'indiquant les salaires , indemnités ou honoraires qui sont dus en pareil cas aux officiers ministériels , qui sont chargés de leur exécution ; il fallait également remplir les lacunes que je signale ; le tarif inséré à la suite de ce Code vient aussi et d'une manière légale remplir ce but.

Cette rédaction qui mentionne et met en application toutes les lois relatives aux Conseils des prud'hommes, ne contient que deux innovations que j'ai cru nécessaires et même indispensables ; elles consistent: la prémière , à fixer à deux ans l'époque à laquelle les Conseils de prud'hommes doivent en partie être renouvellés; tandis que par le Décret du 11 Juin 1809 article 3 , cette formalité est exigée annuellement.

Les deux motifs, qui m'ont fait prendre cette détermination sont fondés ; 1.º sur ce que les membres qui composent ordinairement ces Conseils, bien qu'ils fussent les plus probes et les plus éclairés de leur canton , n'en sont pas moins étrangers aux connaissances judiciaires et que ce n'est pas dans le court éspace d'une année qu'ils peuvent en acquerir. 2.º parce que cette formalité de renouvellement annuel n'étant pas en harmonie avec celle prescrite par l'article 623 , du Code de commerce ; elle présente un contraste frappant avec les tribunaux de commerce, et nécessite des frais importants qu'il est sage d'éviter.

La deuxième innovation concerne l'état des secrétaires greffiers attachés à ces conseils.

Par l'ensemble des lois que mentionne ce Code on est facilement convaincu, de l'importance des fonctions de ces Officiers Ministériels chargés de rédiger les délibérations, les jugemens, les procés verbaux et autres actes; d'en conserver les minutes, d'en délivrer les expéditions, de prendre soin des marchandises, des pièces, et objets déposés par les parties : leurs fonctions sont identiques avec celles des greffiers des Tribunaux de Commerce ou de justices de paix ; *tant en matière civile , qu'en matière Criminelle et de police ;*

Le Décret précité du 11 Juin 1809 , qui dans son articles 26 , mentionne qu'un secrétaire sera attaché à ces Conseils, n'indique cependant pas la fixation de leur traitement : ces fonctionnaires doivent d'ailleurs présenter au gouvernement les même garanties que celles voulues pour les officiers publics des autres tribunaux, la loi du 28 Floréal an 10 , article trois ; doit donc leur être applicable.

Une erreur grave que je dois signaler aussi, provient d'une fausse application des lois organiques des conseils de Prud'hommes qui est annuellement faite dans plusieurs localités.

Cette erreur, consiste à ne point admettre aux élections pour concourir à leur formation ; les Marchands-fabricants, chefs d'ateliers, contre-maitres ou ouvriers, dont la fabrication, l'art ou le métier, n'est pas signalé dans les décrets particuliers d'établissemens desdits conseils de Prud'hommes.

Cependant, aux termes des décrets des 18 mars 1806, et 11 juin 1809, lesdits marchands-fabricants, chefs d'ateliers, contre-maitres, ouvriers *sont indistinctement soumis à la juridiction des conseils de Prud'hommes ;* et ces lois ne faisant point exception d'aucun genre d'industrie, il en résulte donc la conséquence que quelque soit d'ailleurs leur profession, tous, ont le droit de concourir à la formation des conseils de Prud'hommes.

En professant cette erreur que nous signalons? qu'en arrive t-il ?

C'est que là, où la généralité des marchands-fabricants, contre-maitres, ouvriers, etc. est repousssé des élections, il existe un monopole odieux , profitable à quelques individus au détriment des masses industrieuses.

D'après l'idée sommaire que je viens de donner du plan de mon ouvrage on voit, qu'il peut être d'une utilité indispensable aux Conseils des prud'hommes et à leurs justiciables,

Puissent la justesse des principes , et la sureté des formules qui le composent , prévenir les contestations dans lesquelles se jettent quelquefois les parties par abus ou ignorance des formalités judiciaires ; ce serait la plus flatteuse récompense de mon travail.

Je ne me dissimule pas qu'une partie du succès appartient aussi à deux Auteurs estimables, qui ont ébauché la matière, leurs ouvrages m'ont été d'un si grand secours qu'il y aurait de l'injustice à ne pas le reconnaître.

FIN DE L'AVANT-PROPOS.

CODE

DES

PRUD'HOMMES.

***

DISPOSITIONS PRÉLIMINAIRES.

DE

L'ÉTABLISSEMENT ET COMPOSITION

DES

CONSEILS DES PRUD'HOMMES.

***

ARTICLE I.

Les Conseils des Prud'hommes sont établis sur la demande motivée des chambres de commerce, des chambres consultatives, des manufactures, ainsi qu'il est réglé en l'art. 2, du décret du 11 juin 1809.

Art. II.

Ils sont composés : 1° de marchands fabricants, 2° de manufacturiers, 3° d'entrepreneurs ou constructeurs d'arts et métiers, 4° de chefs d'ateliers, 5° de contre-maîtres, 6o d'ouvriers. (A) Les uns et les autres agés de 3o ans accomplis, et exerçant leur profession depuix six ans. (B)

Art. III.

Les Prud'hommes sont élus dans une assemblée générale ainsi qu'il est dit au décret précité du 11 Juin 18o9.

Art. IV.

Ne peuvent participer à l'élection des membres des Prud'hommes, que les personnes désignées en l'art. 2, du présent code, et sur la représentation de leurs patentes, en cas de contestation sur le droit d'assistance à l'assemblée, il y sera statué par le préfet sauf le recours au conseil d'état. (C)

Art. V.

Sont exclus des conseils de Prud'hommes, 1o les faillis, 2° ceux qui ne savent lire et écrire, 3° les rétentionnaires de matières qui leur auraient été fournies pour être confectionnées. (D)

(A)   Décret du 11 juin 18o9, art. 1er
(B)   Décret du 18 mars 18o6, art. 3.
(C)   Décret du 11 juin 18o9, art. 16.
(D)   Décret du 18 mars 18o6, art. 3.

ART. VI.

Les Prud'hommes nouvellement élus ne peuvent entrer en fonctions qu'après avoir prêté entre les mains du préfet, ou du fonctionnaire public par lui délégué : le serment de fidélité au ROI DES FRANÇAIS, d'obéissance à la CHARTE CONSTITUTIONNELLE, aux lois du royaume, et de remplir avec zèle et intégrité les fonctions qui leur sont confiées. (E)

ART. VII.

Sitôt leur installation , les conseils de Prud'hommes , procédent à l'élection d'un Président , et d'un vice Président:

Cette élection se fait au scrutin individuel, à la pluralité des suffrages et par Bulletins fermés. (F)

ART. VIII.

Le Président étant le chef du conseil, recueille les voix des autres membres , exprime le vœu dudit conseil , parle , écrit en son nom , et fait les fonctions, qui dans toutes les compagnies sont celles de son chef.

(E) Loi relative au serment des fonctionnaires publics du 2 sept. 1830.

(F) Décret du 11 Juin 1809, art. 25.

Art. IX.

Le vice-président, (et à son défaut le premier membre du conseil), *remplit au besoin les fonctions, du ministère public*, dans les cas, où cette formalité est prescrite par la loi. (G)

Art: X.

Un Greffier, est institué près chaque conseil de Prud'hommes, il doit être agé de 25, ans (H), n'être parent et ou allié des Prud'hommes jusqu'au troisième dégré inclusivement (I), il est nommé par le Roi, (J), sur la présentation qui en est faite par ces conseils et jouit du traitement attribué aux Greffiers des justices de paix (K), il ne peut entrer en fonctions qu'après avoir fourni le cautionnement prescrit à ces officiers ministériels (L), il prête également le serment ordonné par la Loi du deux Septembre 1830.

(G) Loi sur les fabriques du 22 Germinal an 11, art 19. titre 5 : Décret du 3 août 1810, art 4. art. 376 C. Penal et 137 C. d'instruction criminelle.

(H) Loi du 16 Ventose an 11. art. 1er.

(I) Loi du 27 Germinal an 7.

(J) Dérogation à l'article 26 du décret du 11 juin 1809, V. l'avant propos).

(K) Loi du 21 Prairial an 7, (9 juin 1799). art. 1.er.

(L) Loi du 28 Floreal an 10, art.3. 18 mai 1802. art. 3.

Art: XI.

Les obligations imposées aux Greffiers des Juges-de-paix , et concernant la rédaction , la tenue des actes et jugemens , et leur inscription sur un répertoire; sont applicables aux Greffiers des Conseils des Prud'hommes. (M)

Art: XII.

Lorsque les Secrétaires Greffiers auront un commis Greffier , le traitement de ce commis sera à leur charge. (N)

Art: XIII.

De même que les Juges-de-paix, les conseils de Prud'hommes ont la faculté de s'attacher un ou plusieurs huissiers , chargés exclusivement de faire et signifier tous les actes d'exécution des dits conseils. (O)

(M) Art 141 C. de procédure. Décret du 11 juin 1809, art 40. Instruction générale de l'enregistrement du 5 juillet 1809, n°. 437.

(N) Art. 4 de la loi du 28 Floréal au 10.

(O) Art. 27 de la loi du 19 Vendemaire an 4 et 27 du décrét du 11 juin 1809. Décret du 14 juin 1813, art. 28, sur le service des huissiers.

Art: XIV.

Les conseils des Prud'hommes sont rénouvelés en partie tous les deux ans, au premier Janvier de la manière indiquée aux articles 3, et 4. du présent code. (P)

(P) Dérogation au décrét du 11 juin 1809, art. 3. Combinée, avec l'art. 623 du code de commerce. (v. l'avant-propos de ce sode).

LIVRE PREMIER.

DE LA COMPÉTENCE DES CONSEILS

DE

PRUD'HOMMES EN MATIÈRE CIVILE.

CHAPITRE 1.

ARTICLE XV.

Les conseils de prud'hommes connaissent de toutes contestations qui s'élevent : 1°. entre les marchands-Fabricants, 2.° les manufacturiers, les entrepreneurs et constructeurs d'arts et métiers, 3.° les chefs d'ateliers, 4.° les contres-maîtres et ouvriers, quelque soit la quotité de la somme dont elles sont l'objet et dès que les contestations sont relatives à la branche d'industrie exercée par ces individus. (Q).

Art. XVI.

Les attributions des Prud'hommes s'étendent aussi
1. Sur les contraventions aux lois et réglemens en

(Q) Décret du 3 août 1810, art 1er titre premier.

vigueur dans les différentes fabriques et manufactures du royaume. (R)

2. Sur le défaut de longueur, de grosseur, ou de poids ou d'apprêts, de qualité ou solidité des ouvrages de coton, de fil, de soie, de laine, de poil, de crin, de cuir, de peau, d'or, d'argent, de cuivre, d'étain, de plomp, de fer, de terre, de bois, et généralement de toutes matières végétales et minérales confectionnées dans les fabriques, et manufactures, ateliers et laboratoires. (S)

3. Sur la défectuosité de travail de la part des arçonneurs, cardeurs, fileurs, retordeurs, fouleurs, laneurs, peigneurs, pareurs, découpeurs, dessinateurs, brodeurs, mécaniciens, fondeurs, planeurs, et généralement de tous les états de fabrications et de main-d'œuvre.

4. Sur la responsabilité, ou reddition de compte, des opérations des contre-maitres, chefs d'ateliers et commis, relatives à la fabrication : telles qu'achat de matières premières, leur distribution aux ouvriers, confection des ouvrages, paiement en à-compte; ou solde de compte aux ouvriers, livraisons, expéditions

(R) Décret du 11 juin 1809, art. 4.
(S) Décret du 22 sept. 1812, art. 12.

des marchandises fabriquées, pour appointemēns au prix du travail des contre-maîtres, chefs d'ateliers et commis.

5. Pour exécution ou résiliation des marchés et engagemens passés entre les fabricants et les contre-maîtres, chefs d'ateliers et commis.

6· Sur le refus de travail, refus de remise d'ouvrage de la part des ouvriers, compagnons et apprentis;

7. Sur les avances faites en matières premières, or ou argent, aux contre-maitres, ouvriers et apprentis. par les fabricants.

8. Sur le prix du travail et main-d'œuvre des dits ouvriers pour exécution ou résiliation des marchés et engagemens passés entre les fabricants et ces derniers.

9. Sur les réglemens, estimation de prix d'ouvrages commencés, abandonnés, péris, gatés ou confectionnés; de la part desdits contre-maîtres, chefs d'ateliers, commis, ouvriers et compagnons, par cas fortuit, force majeure ou autre cause sans qu'il y ait faute de leur part.

10. Sur la quantité et qualité des matières premières, métiers, harnais, équipages, outils, instru-

mens, livrés par les fabricants ou contre-maitres ;
chefs d'ateliers et commis.

11. Sur les contestations relatives aux contrats
d'apprentissage, consentis entre majeurs ou par des
mineurs avec le concours de ceux sous l'autorité desquels ils sont placés. (T)

12. Sur la récusation d'un ou plusieurs membres
des prud'hommes. (U)

13. Sur la suffisance ou insuffisance des marques
déjà adoptées, et les nouvelles qui seraient déjà proposées ; ou même entre celles déjà existantes. (V)

14. Sur les contrefaçons de marques de savon,
d'ouvrages de quincaillerie, de coutellerie, commises par les ouvriers, compagnons et apprentis, travaillant en leur domicile ou dans les ateliers et fabriques. (X)

15. Sur les contrefaçons ou usurpation de Brevets
d'invention. (Y)

(T) Décrets des 12 et 26 avril 1811. 11 juin, 1811. art. 11
(U) Même décret. art 84.
(V) Même décret. titre 2. art. 4.
(X) Décret du 5 sept. 1810, art. 8, 9, et 11.
(Y) Malgré l'opinion contraire émise par un auteur et les

16. Finalement sûr les embauchages d'ouvriers (Z)

termes de la loi du 15 mai 1791, titre 2, article 10. qui attribuait aux juges de paix la connaissance de ces sortes de contraventions.

Nous estimons que par suite de l'émission postérieure des lois des 11 juin 1809, 3 août, et 8 sept. 1810. Les conseils de Prud'hommes sont aujourd'hui compétants dans l'étendue de leurs juridictions à l'exclusions des justices de paix. pour connaître des contre-façons, ou usurpations de brevet d'invention (Note de l'éditeur. Voyez l'avant propos.)

(Z) Loi du 22 Germinal an 11, art. 11 et 12. Code de procédure art 181 (v. la note ci-après.)

Le non commerçant qui emploie au préjudice d'un fabricant manufacturier, contre-maître. etc. etc. Un ouvrier sans livret réglé portant certificat d'acquit de ses engagemens, est-il, à raison de cet embauchage justiciable du conseil des Prud'hommes, comme l'ouvrier lui-même

Cette question, est tellement importante pour les usines et fabriques, et présente un tel dégré d'intérét, que de sa solution à notre avis, dépend leur vitalité ou leur ruine; et malgré tout le respect que nous portons aux décisions de la cour sou eraine qui vient de la décider dans un sens négatif, par son arrêt du 11 nov. 1834, dans l'affaire Duquesnoy contre Defer. Nous pensons, d'accord avec les jurisconsultes éclairés qui ont traité cette question et l'avis des premiers conseils de Prud'hommes de France ; que l'opinion contraire doit prévaloir.

A l'appui de notre assertion, nous transcrivons a la suite du livre 3. Quelques avis et dissertations, fortes de doctrine, de sagesse, de considérations et de logique, qui ont servi à notre conviction.

(Note de l'Éditeur).

Art XVII.

Les conseils de prud'hommes jugent **en dernier** ressort.

1. Toutes les demandes dont le principal n'**excède** pas la valeur de cent francs. (1)

2. Toutes celles, où les parties auront déclaré vouloir être jugées définitivement et sans appel. (2)

Art. XVIII.

Au dessus de cent francs de condamnation principale; les jugemens des conseils de Prud'hommes, sont sujets à l'appel devant le Tribunal de commerce de l'arrondissement, et à défaut de Tribunal de commerce, devant le Tribunal civil de première instance jugeant consulairement. (3)

Art. XIX.

Les jugemens des conseils de Prud'hommes jusqu'à concurrence de trois cents francs sont exécutoires par provision, nonobstant l'appel et sans qu'il soit besoin

---

(1) Décret du 3 août 180. art. 2.
(2) Décret du 11 juin 1809. art. 38.
(3) Même décret, art. 27.

pour la partie qui aura obtenu gain de cause de fournir caution.

Au dessus de trois cents francs ils seront exécutoires par provision en fournissant caution. (4)

Art. XX.

Jusqu'à l'émission des lois ultérieures, qui seront applicables aux conseils des Prud'hommes;

Les principes généraux établis dans les titres trois, et quatre, du code civil et concernant; *la validité des contrats et obligations conventionnelles;* seront mis en application par les conseils de Prud'hommes.

CHAPITRE. II.

Des fonctions administratives ou de police, attribuées aux conseils des Prud'hommes.

Art. XXI.

Indépendamment des fonctions judiciaires, attribuées aux conseils des Prud'hommes: ces conseils exercent encore dans certains cas, des fonctions administratives ou de police et qui sont relatives;

---

(4) Décret du 3 août 1810, art. 3.

2

1. A l'observation des lois et réglemens, concernant les fabriques et manufactures. (5)

2. A constater sur les plaintes faites aux conseils, les soustractions de matière première , commises par les ouvriers au préjudice des fabricans, ét des infidélités également commmises par les teinturiers.

3. A la visite et inspection des ateliers, (6) comme il est indiqué ci après au chapitre.

CHAPITRE III.

De la juridiction des conseils de Prud'hommes en matière civile.

ART. XXII.

La juridiction des conseils de Prud'hommes en matière civile s'étend sur tous les marchands-fabricants, les mauufacturiers, les entrepreneurs ou constructeurs d'objets d'arts et métiers, les chefs d'ateliers, les contre-maîtres, teinturiers ouvriers, compagnons et apprentis travaillant pour la fabrique du lieu ou du canton de la situation de la fabrique ; suivant qu'il est

---

(5) Art. 10, 11, 12 et 13 titre 2, section 2 de la loi du 18 mars 1806.

(6) Loi du 22 Germinal an 11 (12 avril 1803) titre 2. Les articles 414, 415, 416 et 417 du code pénal.

exprimé dans les lois particulières de l'établissement de chacun de ces conseils. (7)

Art. XXIII.

Quelque soit le domicile d'un ouvrier fut-ce même hors l'étendue du département où est située la fabrique dans laquelle il travaille ; cet ouvrier est soumis à la juridiction du conseil des Prud'hommes dont cette fabrique est dépendante. (8)

CHAPITRE VI.

De l'incompétence des Prud'Hommes en matière civile.

Art. XXIV.

Les conseils de Prud'hommes sont incompétens pour connaître des contestations relatives.

1º Au paiement des salaires des gens de travail ; (9) et de l'éxécution des engagemens respectifs des

---

(7) Décret du 11 juin 1809 art. 11.

(8) Loi du 22 Germinal an 11 art. 21. Décrét du 11 juin 1809, art. 11.

(9) Les personnes que l'on désigne par la dénomination de *gens de travail* sont celles qui sont principalement occupées aux travaux de la campagne , (v. Henrion de Pansey, de la compétence des juges de paix. 7eme édition page 302). Loi du 24 août 1790.

maîtres et de leurs ouvriers, tels que terrassiers, mois-
sonneurs, vendangeurs, faucheurs, et en général tous
les journaliers dont l'engagement peut commencer et
finir dans la même journée; et dont la juridiction est
attribuée par l'article 10, titre 3, de la loi du 24 août
1790, aux juges de paix.

2° De toutes contestations relatives aux engagemens et transactions de commerce spécifiés principalement en l'article 631, du code de commerce.

3° A la délivrance des livrets dont les ouvriers
doivent se pourvoir aux termes de la loi du 22 Germinal an 11. — Cette attribution étant exclusivement
réservée à l'autorité administrative. (10)

CHAPITRE. V.

De la conpétence des conseils de Prud'homm·s en matiéres criminelles et de police judiciaire.

Art. XXV.

Nonobstant les fonctions attribuées dans certains
cas; aux membres des Prud'hommes, en qualité d'officiers, de police auxiliaires du Procureur du Roi,
comme il est dit ci-après : Les conseils de Prud'-

---

(10) Décrét du 11 juin 1809 art. 57.

hommes, sont compétens pour connaître *en matière de police ;*

1. De tout délit tendant à troubler l'ordre et la discipline de l'atelier.

2o De toutes injures graves des ouvriers, envers leurs maîtres, et vice versâ. (11)

3o De tout dommage causé volontairement aux propriétés mobilières des manufactures, fabriques et ateliers, prévus par l'article 479, du code pénal.

4o Des insultes ou irrévérences graves envers les membres des Prud'hommes. (12).

CHAPITRE. VI.

De la compétence des Prud'hommes en qualité d'officiers de police auxiliaire, du Procureur du Roi.

Art. XXVI.

Les conseils de Prud'hommes en qualité d'officiers de police auxiliaires du Procureur du Roi ; ont le droit de constater par des procès verbeaux ;

---

(11) Loi du 22 Germinal an 11, art. 19 titre 5. Code pénal art. 376. Code d'instruction criminelle, art. 137. Décret du 3 août 1810, art. 3.

(12) Décret du 11 juin 1811, art. 34.

1₀ Toute coalition entre ceux qui font travailler des ouvriers, tendant à forcer injustement et abusivement l'abaissement des salaires (13)

2o Toute émeute ou coalition de la part des ouvriers pour cesser en même temps de travailler; interdire le travail dans tout ou partie des ateliers, empêcher de s'y rendre et d'y rester avant ou après certaines heures; et en général, pour suspendre, empêcher ou enchérir les travaux. (14)

3o Les inscriptions de faux. (15)

4° Les contre-façons de marques de quincaillerie, coutellerie, savon, et autres. (16)

5o Les soustractions de matières premières. (17)

6o La communication de la part des chefs d'ate-

---

(13) Décret du 18 mars 1806, art 10, 11, 12 et 13. Loi du 22 Germinal an 11 art. 19, titre 5. Décret du 3 août 1810, art. 4. Code pénal art. 414. 415, 416 et 417.

(14) Les lois qui précèdent, loi du 22 Germinal an 11 art. 7.

(15) Décret du 11 juin 1809, art. 37. Code de procédure, art. 14, 214, et 427. Code d'instruction criminelle art. 448 et suivants.

(16) Décret du 5 sept. 1810, art. 8, 9 et 11.

(17) Loi du 13 mars 1806, section 2, titre 2, art. 12 Code pénal art. 62, et 408.

lier, contre-maîtres, commis, ouvriers, compagnons, et apprentis; des secrets d'une fabrique où ils sont employés, à des étrangers, à des français résidant à l'étranger ou à des étrangers résidant en France. (18)

7° Les pillages et dégats de marchandises, commis dans les fabriques, manufactures ou ateliers, en réunion et à force ouverte de la part des ouvriers, compagnons et autres personnes employées dans la fabrique (19)

Art. XXVII.

Dans les cas spécifiés en l'article qui précède, les conseils de Prud'hommes peuvent au besoin, ordonner l'arrestation provisoire des prévenus et les faire traduire devant le Procureur du Roi. (20).

CHAPITRE VII.

Des fonctions administratives attribuées au conseil des Prud'hommes.

ART. XXVIII.

Les Prud'hommes des villes ou il y a des fabriques

---

(18) Code pénal, art 218.

(19) Décret du 18 mars 1806 titre 2 art. 10, 11, 12 et 13. Décret du 11 juin 1809. art. 28. Code pénal, art 440.

(20) Loi du 22 Germinal an 11, titre 5, art. 19.

de savon, doivent faire des visites dans ces fabriques et dans les lieux ou il s'en débite, à effet de saisir les briques de savon qui ne sont pas empreintes d'une marque déposée au Secrétariat du Conseil des Prud'hommes. (21)

Art. XXIX.

Les Conseils de Prud'hommes , indépendamment des attributions qui leur sont conférées par les Lois indiquées au présent Code ; sont encore chargés de faire des visites dans les ateliers de tout genre d'industrie de porter leur inspection sur tous les métiers en activité et les ouvriers employés dans chacun ; de prendre tous les renseignemens qui peuvent être utiles à la fabrique et au commerce ; de dresser des états du tout et de les adresser au gouvernement par la voie des chambres de commerce. (22)

Art: XXX.

Les conseils de prud'hommes sont également chargés des Mesures conservatrices de la propriété des dessins. (23)

---

(21) Décret du 1er avril 1811, art. 5.

(22) Décret du 18 mars 1806, titre 4, art. 29.

(23) Même décret titre 2, art. 14. Code pénal art. 425, 426, et suivants.

Art: XXXI.

Les Prud'hommes rédigent procès verbal du dépot en leur greffe, du modèle de la propriété des marques empreintes aux différents produits de la fabrique , et en délivrent procès verbal au fabricant pour lui servir de titre contre les contrefacteurs. (24)

Les membres des conseils des prud'hommes sont tenu de porter dans l'exercice de leurs fonctions , soit à l'audience soit au dehors une médaille d'argent suspendue à un ruban noir en sautoir (25).

FIN DU LIVRE PREMIER.

---

(24) Décret du 5 sept. 1810, art. 3 et 4. Décret du 1er avril 1811, art. 1er voyez les formules nos 35 , 36 , 37 et suivents.

(25) Ordonnance royale du 12 nov. 1828, voyez ci-après

2

LIVRE DEUXIEME.

PROCÉDURE CIVILE A L'USAGE

DES

CONSEIL DE PRUD'HOMMES, MISE EN ACTION

PAR DES

FORMULES. (1)

CHAPITRE Ier

De la composition des Bureaux des Prud'hommes.

Art: XXXII.

Le conseil des Prud'hommes se divise en deux bureaux, l'un bureau particulier où de conciliation; (2)
L'autre bureau général ou siègent les Prud'hommes qui rendent la justice. (3)

Art: XXXIII.

Le bureau particulier ou de conciliation des

---

(1) Voyez les formules.
(2) Décret du 11 juin 1809, titre 4, art. 21.
(3) Même décret, art. 23 et 24.

Prud'hommes se compose ; de deux membres , l'un
marchand-fabricant , l'autre chef d'atelier, contre-
maitre, ou ouvrier patenté. (4)

Art: XXXIV.

Dans les Villes ou le conseil est de cinq ou
de sept membres ; ce bureau s'assemble tous les
deux jours ; depuis onze heures du matin jusqu'à
deux. (5)

Art: XXXV.

Si le conseil est composé de quinze membres ,
le bureau particulier tient tous les jours une séance
qui commence et finit aux mêmes heures. (6)

Art: XXXVI.

Les fonctions du bureau particulier , sont de concilier les parties ; s'il ne le peut , il les renvoit devant le bureau général. (7)

Art: XXXVII.

Le bureau général se compose des deux tiers au

---

(4) Même décret , art. 21.
(5) Même décret, art. 21.
(6) *Idem*   *Idem*
(7) Même décret, art. 22.

moins de ses membres présents pour la validité de ses jugements, ses délibérations se forment par l'avis de la majorité absolue des membres également présents, (de la moitié plus un.) (8)

Art: XXXVIII.

Le bureau général se réunit une fois par semaine au moins, il prend connaissance de toutes les affaires qui n'ont pu être terminées par la voie de conciliation ; quelque soit la somme dont elles sont l'objet. (9) ses jugemens ne sont définitifs qu'autant qu'ils portent sur des différents qui n'excèdent pas cent francs en capital et accessoires. (10)

CHAPITRE II.

De la demande en matière civile.

Art: XXXIX.

La demande devant le bureau de conciliation des Prud'hommes se forme d'abord par une simple lettre de leur secrétaire greffier. (11)

---

(8) Même décret, art. 24.

(9) Même décret art. 23

(10) Décret du 3 aout 1810 titre premier art 29.

(11) Décret du 11 juin 1809 , titre 5 art 29. (v· la note ci-après)

Nota. Cette disposition exceptionnelle qui ne permet de se

Toute personne appelée de cette manière devant les Prud'hommes est tenu de s'y rendre, sans pouvoir se faire remplacer hors le cas d'absence ou de maladie: alors seulement elle est admise à se faire représenter par l'un de ses parents, négociant ou marchand exclusivement, porteur de sa procuration. (12)

Art: XL.

Si la partie qui est invitée par le secretaire-greffier à se rendre au bureau de conciliation, ne parait pas; elle est citée par l'un des huissiers attaché au conseil: cette citation doit contenir la date des jours, mois, et an, les noms, professions et domicile du demandeur, les noms, professions et demeure du

---

faire représenter que par un de ses parens, négociant ou marchand, a eu pour objet de parvenir plus aisément à concilier les parties ; mais elle n'est applicable qu'aux bureaux particuliers ou de conciliations ; car sans cela, ce serait évidemment restreindre le droit sacré de la défense et exposer le plus souvent des ouvriers ayant peu d'habitude des affaires pour s'en expliquer clairement en justice ; a la finesse et aux artifices d'adversaires adroits, et intelligents.

(Note de L'éditeur.)

(12) Décret du 11 juin 1809 titre 5, art 29 (v. la note qui précède.)

défendeur et les motifs sommaires de la demande.
(13)

Art: XLI.

La citation sera notifiée au domicile du défendeur, et il y aura un jour au moins entre celui ou elle aura été remise et le jour indiqué pour la comparution, si la partie est domiciliée dans la distance de trois myriamètres ; si elle est domiciliée audelà de cette distance, il sera ajouté un jour par trois myriamètres.

Dans le cas ou les délais n'auraient pas été observés si le défendeur ne parait point, les Prud'hommes ordonneront qu'il lui soit envoyée une nouvelle citation ; alors les frais de la première citation sont à la charge du demandeur (14).

CHAPITRE III.

Des séances du bureau particulier et du bureau général des Prud'hommes et de la comparution des parties.

Art. XLII.

Au jour fixé par la lettre du secrétaire-greffier, ou

---

(13) Même décret art 30 Code de procédure civile art. 1er formule nos 8,

(14) Décret du 11 juin 1809, art. 31 du Code de procédure art, 5,

par la citation de l'huissier, les parties comparaîtront devant le bureau Particulier des Prud'hommes sans pouvoir être admises à faire signifier aucune défense. (15)

Art: XLIII.

Elles sont tenues de s'expliquer avec modération et de se conduire avec réspect; si elles ne le font point, elles sont d'abord rappelées à l'ordre et à leurs devoirs, en cas de récidive, le bureau particulier peut les condamner à une amende qui n'excédera pas dix francs avec affiches du jugement dans la ville où siége le conseil.

Cette disposition est également applicable devant le bureau général. (16)

Art: XLIV.

Dans le cas d'insulte ou d'irrévérence grave le Bureau particulier en dressera procès verbal et pourra condamner celui qui s'en sera rendu coupable, à un emprisonnement dont la durée ne pourra excéder trois jours. (17)

(15) Décret du 11 juin 1809 art. 32, titre 6.

(16) Même décret art. 33 -- Code de procédure civile art. 10 voyez au surplus la formule n° 43

(17) Décret du 11 juin 1809, art. 34 Code de procédure art. 12.

Art. XLV.

Les jugemens dans les cas prévus par les deux articles précédents sont exécutoires par provision. (18)

Art: XLVI.

Les parties sont d'abord entendues contradictoirement ; le bureau particulier ne doit rien négliger pour les concilier ; s'il ne peut y parvenir, il les renvoie ainsi qu'il est dit en l'article trente huit devant le bureau général, qui statue sur le champ ou à la première séance qui suivra la non conciliation. (19)

Art. XLVII.

Lorsque l'une des parties déclarera vouloir s'inscrire en faux, déniera l'écriture ou déclarera ne pas la reconnaitre, le bureau particulier ou le Président du bureau général lui en donnera acte, la pièce sera paraphée par eux, et la cause sera renvoyée devant les juges qui doivent en connaitre. (20)

---

(18) Même décret art. 35.

(19) Même décret art. 36. formule n° 4,

(20) Même décret art. 37 Code de procédure art, 14 voyez formule n° 16.

Art: XLVIII.

L'appel des jugements des conseils des Prud'hommes n'est pas recevable après les trois mois à dater du jour de la signification faite par l'un des huissiers attachés à ces conseils. (21)

Art: XLIX.

Les minutes de tout jugement sont portées par le greffier sur la feuille d'audience ; et sont signées aussitôt qu'ils sont rendus par le Président et contre signées par ledit greffier. (22)

CHAPITRE IVme.

De la non comparution des parties devant le bureau particulier du conseil des Prud'hommes.

Art: L.

Si au jour indiqué par la lettre du greffier , l'une des parties ne comparait pas , il en sera fait mention sur le plumitif de l'audience et un certificat de non conparution sera délivré par le bureau

---

(21) Décret du 11 juin 1809, art. 39.

(22) Même Décret art. 40 , Code de procédure civile art. 18 et 138 décision du Ministre des Finances du 20 Juin 1809. instruction générale du 5 Juillet suivant, n° 437.

particulier à la partie qui le requerra. (23)

Art: LI.

Dans le cas prévu en l'article qui précède, la partie qui à obtenu le certificat de non conparution est autorisée à faire citer par huissier le défaillant, à comparaitre de rechef devant le bureau particulier dudit conseil qui au cas de non conciliation renverra la cause et les parties devant le bureau général, ainsi qu'il est dit en l'article 36, du présent Code et sans qu'il soit besoin de nouvelle citation. (24)

CHAPITRE. V.ᵐᵉ

Des séances du Bureau général des Prud'hommes et de la comparution des parties.

Art: LII.

Au jour fixé par la citation, ou par le procès verbal de non conciliation; les parties comparaissent devant le bureau général des Prud'hommes sans pouvoir être admises à signifier aucune défense ainsi qu'il est dit pour le bureau particulier, et les dispositions des articles 42, 43 et 44, sont éga-

---

(23) Décret du 11 Juin 1809 art 41 Code de procédure art. 58 formule n° 6,

(24) Décret du 11 Juin 1809, art. 50, 36, et 41.

lement applicables par le bureau général. (25)

Art: LIII.

Les audiences seront publiques , et ceux qui y assisteront se tiendront découverts , dans le respect et le silence , tout ce que le Président ordonnera pour le maintien de l'ordre sera exécuté ponctuellement et à l'instant.

La même disposition sera observée dans les lieux ou les membres des Prud'hommes exerceront des fonctions publiques relatives à leur état.

Art: LIV.

Si un ou plusieurs individus, quels qu'ils soient, interrompent le silence, donnent des signes d'approbation ou d'improbation , soit à la défense des parties , soit aux interpellations , avertissemens ou ordres du Président ou membre qui remplit les fonctions du ministère public , soit aux jugemens ou ordonnances , causant ou excitant du tumulte de quelque manière que ce soit ; et si après l'avertissement des huissiers , ils ne rentrent pas dans l'ordre sur le champ , il leur sera enjoint de se retirer , et les

______

(25) Décret du 11 Juin 1809, titre 5 art. 29 voyez aussi la note numérotée 11.

résistans seront saisis et déposés à l'instant dans la maison d'arrêt pour vingt quatre heures ; ils y seront reçus sur l'exhibition de l'ordre du Président qui sera mentionné au procès verbal d'audience,(26)

Art: LV.

Si au jour indiqué par la citation de l'huissier ou par le procès verbal de non conciliation ; l'une des parties ne comparait pas , la cause sera jugée par défaut sauf l'envoi d'une nouvelle citation dans le cas ou le délai de un jour au moins , entre celui ou elle aura été remise et le jour indiqué par sa comparution prescrite par l'article 30, du décret du 11 juin 1809 , n'aura pas été observé. (27)

Art: LVI.

La partie condamnée par défaut pourra former opposition dans les trois jours de la signification faite par l'huissier du conseil: cette opposition contiendra sommairement les moyens de la partie et assignation au premier jour de séance du conseil des Prud'hommes, en observant toutes fois les délais prescrits pour les citations ; elle indiquera en même temps les jours et heure de la comparution;

---

(26) Code de procédure civile art. 88 et 89, formule n° 43,

(27) Décret du 11 juin 1809 art. 41.

et sera notifiée ainsi qu'il est dit ci dessus. (28)

Arl: LVII.

Si le conseil des Prud'hommes sait par lui-même ou par les représcntations qui lui seront faites par les proches voisins ou amis du défendeur que celui ci n'a pas été instruit de la contestation, il pourra en adjugeant le défaut, fixer pour le délai de l'opposition le temps qui lui paraitra convenable et dans le cas ou la prorogation n'aurait été demandée ni accordée d'office, le défaillant pourra être relevé de la rigueur du délai et admis à opposition, en justifiant qu'à raison d'absence ou de maladie grave; il n'a pu être instruit de la contestation (29)

Art: LVIII.

La partie opposante qui se laisse juger une seconde fois par défaut ne sera plus admise à former une nouvelle opposition. (30)

CHAPITRE. VIme.

Des jugemens qui ne sont pas définitifs, et de leur exécution,

Art: LIX

Les jugements qui ne seront pas définitifs, ne

---

(28) Même décret art: 42 voyez formule n° 20.

(29) Même décret art. 43

(30) Même décret art, 44

seront point expédiés quand ils auront été rendus contradictoirement, et prononcés en présence des parties.

Dans le cas ou le jugement ordonnerait une opération à laquelle les parties devraient assister, il indiquera le lieu, le jour et l'heure ; la prononciation vaudra citation. (31)

Art: LX.

Toutes les fois qu'un ou plusieurs Prud'hommes seront commis par le bureau général pour apprécier dans une manufacture ou dans des ateliers l'exactitude de quelques faits qui auraient été allégués ; ils seront accompagnés de leur greffier qui apportera la minute du jugement préparatoire. (32)

Art: LXI,

Il n'y aura lieu à l'appel des jugemens préparatoires qu'après le jugement définitif, et conjointement avec l'appel de ce jugement.

Mais, l'exécution des jugemens préparatoires ne portera aucun préjudice aux droits des parties sur

---

(31) Décret du 11 juin 1809, art 45, code de procédure art 28.
(32) Même décret art. 46. code de procédure, art: 3o.

l'appel, sans qu'elles soient obligées de faire à cet égard aucune protestation ni réserve. (33)

CHAPITRE. VII.

Des enquêtes.

Art: LXII.

Si les parties sont contraires en faits de nature à être constatés par témoins, et dont le conseil des Prud'hommes trouve la vérification utile et admissible il ordonnera la preuve et en fixera précisément l'objet. (34)

Art: LXIII

Au jour indiqué, les témoins, après avoir dit leurs noms, professions, âge et demeure, feront le serment de dire la vérité, et déclareront s'ils sont parens ou alliés des parties et à quel degré, et s'ils sont leurs serviteurs ou leurs domestiques. (35)

Art: LXIV.

Ils seront entendus séparément, hors, comme en

---

(33) Même décret, art. 47. code de procédure civile, art 51 et 451.

(34) Même décret art. 48. C. D. P. art. 34.

(35) Même décret art. 49 : code de procédure art. 35.

la présence des parties , ainsi que le conseil l'avisera bien : les parties seront tenues de fournir leurs reproches avant la déposition et de les signer ; si elles ne le savent , ou ne le peuvent, il en sera fait mention. (36)

Art: LXV.

Les parties n'interrompront point les témoins ; après la déposition le président du conseil des Prud'hommes , pourra sur la réquisition des parties, et même d'office, faire aux témoins les interpellations qu'il jugera convenables.

Le témoin assigné qui ne comparaitra pas encourra la peine prévue aux articles 263, et 413 du code de procédure. (37)

Art: LXVI.

Dans les causes sujettes à l'appel , le greffier du conseil dressera procès verbal de l'audition des témoins : cet acte contiendra leurs noms , prénoms, âge, profession et demeure , leur serment de dire la vérité , leur déclaration s'ils sont parents , alliés, serviteurs ou domestiques des parties ; et les reproches qui auraient été fournis contre eux. — Lecture

(36) Même décret art 50 C. D. P. art. 36.
(37) Décret du 11 juin 1809 art: 50 code de procédure civile

de ce procès-verbal sera faite à chaque témoin , pour la partie qui le concerne ; il signera sa déposition où mention sera faite qu'il ne sait ou ne peut signer ; ce procès-verbal sera en outre signé par le président du conseil et contresigné par le greffier ; il sera procédé immédiatement au jugement, ou au plus tard à la première séance. (38)

Art: LXVII.

Dans les causes de nature à être jugées en dernier ressort il ne sera point dressé de procès-verbal, mais le jugement énoncera les noms, âge, profession et demeure des témoins , leur serment , leur déclaration s'ils sont parents. alliés , serviteurs ou domestiques des parties , les reproches et le résultat des dépositions. (39)

CHAPITRE VIII.me

De la récusation des Prud'hommes.

Art: LXVIII.

Un ou plusieurs Prud'hommes pourront être récusés ,

---

(38) Même décret, art. 52, Code de procédure, art. 39, voyez la formule, No 13.

(39) Même décret, art. 53.

1. Quand ils auront un intérêt personnel à la contestation ;

2° Quand ils seront parents ou alliés de l'une des parties , jusqu'au degré de cousin germain inclusivement ;

3° Si dans l'année qui a précédé la récusation, il y a eu procès criminel entre eux et l'une des parties ou son conjoint, ou ses parents et alliés en ligne directe ;

4° S'il y a procès civil existant entre eux , et l'une des parties ou son conjoint ;

5° S'ils ont donné un avis écrit dans l'affaire. (4o)

Art: LXIX.

La partie qui voudra récuser un ou plusieurs Prud'hommes sera tenu de former la récusation, et d'en exposer les motifs par un acte qu'elle fera si gnifier au greffe du conseil par le premier huissier requis.

L'exploit sera signé sur l'original et la copie par la partie, ou son fondé de pouvoir.

____

(40) Décret du 11 juin 1809 , art. 54, code de procédure , art. 44 et 578.

La copie sera déposée sur le bureau du conseil et communiquée immédiatement au Prud'homme qui sera récusé. (41)

Art: LXX.

Le Prud'homme sera tenu de donner au bas de cet acte, dans le délai de deux jours, sa déclaration par écrit portant ou son acquiescement à la récusation, ou son refus de s'abstenir avec ses réponses aux moyens de récusation. (42)

Art: LXXI

Dans les trois jours de la réponse du Prud'homme qui refuse de s'abstenir, ou faute par lui de répondre, une expédition de l'acte de récusation et de la déclaration du Prud'homme, s'il y en a, sera envoyée par le président du conseil, au président du tribunal de commerce dans le ressort duquel le conseil est situé.

La récusation y sera jugée en dernier ressort dans la huitaine sans qu'il soit besoin d'appeler les parties. (43)

FIN DU 2me. LIVRE.

---

(41) Même décret, art 55 code de procédure, art 45, formule, N° 17.

(42) Même décret, art 56, Code de procédure, art. 46.

(43) Même décret, art 57.

LIVRE TROISIÈME.

CHAPITRE 9.

DE LA PROCÉDURE EN MATIÈRE

DE SIMPLE POLICE ,

A L'USAGE DES CONSEILS DE PRUD'HOMMES,

OBSERVATIONS ,

Les conseils de Prud'hommes comme juges de police n'étant appelés à connaître que des trois contraventions ci-aprés :

1o. De tout délit tendant à troubler la discipline de l'atelier ; (44)

2o Des injures graves des ouvriers envers leurs maîtres, *et vice versâ* ; (45)

3o. De tout dommage causé volontairement aux propriétés mobilières des manufactures et fabriques ; (46)

---

(44) Décret du 3 août 1810, art 4, loi du 11 germinal, an 11 art. 19.

(45) Id.

(46) Code pénal, art. 479 premier, paragraphe.

La procédure à suivre en cette matière se trouve tracée par les formules ci-après , sous les numéros 22 , 23 , 24 et suiv. de ce Code.

Il en est de même pour les actes et procès-verbaux en matière administrative et criminelle, que ces conseils sont appelés à rédiger.

Voyez les formules , 25 , 26 , 27 , 28 , et suiv.

FIN DU 3ᵐᵉ. LIVRE.

LIVRE QUATRIÈME.

CHAPITRE 1.

FORMULES DES ACTES D'ÉLECTIONS

ET D'INSTALLATIONS

DES CONSEILS DE PRUD'HOMMES.

NUMÉRO 1.

Procès-verbal d'élection des membres d'un conseil de Prud'hommes.

L'AN mil huit cent................,le................du mois de......,,heure de........, nous, Préfet du dép. d.............. (ou sous-Préfet du départ., ou Maire de la ville de.........,......., délégué par le Préfet du département d......) en l'une des salles de l'hôtel de ville de....... où nous nous sommes rendus; avons trouvé réunis en conséquence de la convocation individuelle à eux adressée, le...:..,.dernier:

Messieurs les marchands-fabricans, manufacturiers, entrepreneurs et constructeurs d'arts et métiers, chefs d'ateliers, contre-maîtres et ouvriers

des cantons de.......... (désigner les cantons justiciables dudit conseil de Prud'hommes), auxquels nous
avons donné lecture.

1o D'une ordonnance royale en date du........,
portant création d'un conseil de Prud'hommes en
cette ville, composé de....................... (désigner
le nombre des membres);

2° Des dispositions des décrets des 11 juin 1809
et 20 février 1810, relatives à la composition des
conseils de Prud'hommes, à leur rénouvellement,
mode de nomination et d'installation.

Avons ensuite désigné conformément à l'article
17 du décret du 11 juin 1809, pour scrutateurs,
messieurs N........ et N.....,, etc., et, pour secrétaire M. N....... Ces messieurs ayant pris place
au bureau sous notre présidence, nous avons rap-
pelé à messieurs les électeurs, que l'élection,
doit être faite au scrutin individuel et à la majorité
absolue des suffrages, et que nul ne peut être élu, s'il
n'a trente ans accomplis, et six ans d'exercice de son
état.

Un premier scrutin est ouvert pour la nomination
d'un Prud'homme, marchand-fabricant, la liste des

votans arrêtée par M. N. (désigner l'autorité), le . . . . . dernier, contient (désigner le nombre des électeurs.)

Ils sont successivement appelés; leurs bulletins sont placés à fur et mesure dans une urne déposée sur le bureau.

Après appel et réappel, le scrutin est dépouillé ; le nombre des votans est de (désigner le nombre.)

Monsieur N . . ., marchand-fabricant, demeurant à . . ., ayant réuni (désigner le nombre de voix), est proclamé par nous, membre du Conseil des Prud'hommes.

Un second scrutin est fait de la même manière ; le nombre des votans est de . . . . Monsieur N . . ., contre-maître de fabrique, etc, demeurant à . . ., ayant réuni . . . . voix, est proclamé par nous, membre du Conseil des Prud'hommes.

Un troisième tour de scrutin est fait de la même manière et ainsi de suite . . . ., etc.

Les opérations étant terminées, nous avons fait connaître à MM. les membres nommés que nous recevrons leur serment et les installerons dans leurs fonctions sitôt après l'approbation de l'autorité supérieure.

De tout quoi nous avons rédigé le présent procès-verbal en double, dont l'un a été immédiatement adressé à monsieur le Sous-Préfét de ce département pour être soumis à monsieur le Ministre de l'intérieur, et l'autre a été déposé aux archives de la mairie.

Ainsi fait et clos, les jours mois et an que dessus, à ...., heures de ..... (Suivent les signatures des membres élus et du bureau.)

NUMÉRO 2.

Modèle du procès-verbal d'installation des membres du Conseil de Prud'hommes.

Nous, Préfét, etc. etc. (comme en tête du procès-verbal qui précède), nous sommes transportés dans la salle de l'hôtel de ville de.............. à effet de recevoir le serment des membres du conseil des Prud'hommes de cette ville, nommes par élection, dans les formes prescrites par la loi; ainsi qu'il résulte du procès-verbal dressé sous notre présidence le ... dernier...., où étant arrivé, nous avons trouvé messieurs N......N..., et N..., etc., etc.

3*

(Indiquer le nombre des membres titûlairés du conseil des Prud'hommes.)

Et messieurs N . . . et N . . , membres suppléans dudit conseil.

Ces messieurs ayant pris place au bureau dans l'ordre de leur nomination, nous avons fait ouvrir les portes ; après quoi en séance publique, chacun de Messieurs les membres titulaires et suppléants à prêté individuellement entre nos mains le serment *de fidélité au roi des Français, et à la charte constitution-nelle et aux lois du royaume ; et de remplir avec zèle et intégrité les fonctions qui leurs sont confiées,* nous leur avons ensuite donné acte de cette prestationde serment, et, au nom du roi, lesavons installé dans leurs fonctions.

De tout quoi, nous avons rédigé procés-verbal en deux originaux, dont l'un sera déposé aux archives de la mairie, et l'autre à été remis à l'instant à messieurs les membres du Conseil des Prud'hommes, qui ont signé avec nous, les jours, mois et an que dessus.

(Suivent les signatures.)

CHAPITRE II,

NUMERO 3.

Modèle de lettre d'invitation pour se rendre au bureau particulier du Conseil des Prud'hommes.

CONSEIL DE PRUD'HOMMES DE LA VILLE DE . . . .

(Nota.) Les personnes qui négligent de se rendre à l'invitation de cette lettre, sont citées par huissier (art. 29 du décret du 11 juin 1809).

Le greffier du Conseil des Prud'hommes de la ville de . . . à monsieur N . . . . (Désigner les noms, profession et demeure de la personne appelée).

Vous êtes invité à vous rendre le . . . . (indiquer le jour de l'audience), 183 . . . . à neuf heures du matin au bureau particulier de messieurs les Prud'hommes, tenu à l'hôtel de ville, pour répondre sur la demande que forme contre vous le sieur N . . . . (désigner les noms, prénoms, profession et demeure du demandeur, et l'objet de la demande) . . . ; et, après avoir été entendus contradictoirement, être con-

ciliés tous deux, si faire se peut conformément à l'article 22 de la loi du 11 juin 1809.

J'ai l'honneur de vous saluer.

(Signature du greffier.)

A . . . . le . . . .

NUMÉRO 4.

Modèle d'un procès-verbal de non conciliation.

L'an mil huit cent trente, etc, le . . . du mois de . .
devant nous N . . . . et P . . . , tous deux membres
du Conseil des Prud'hommes de la ville de . . . .
canton . . . , arrondissement de . . . , département
de . . . , assistés, du sieur N . . . , notre greffier, est
comparu le sieur N . . . . (noms, prénoms, profession et domicile du demandeur), lequel nous a
exposé que par lettre de notre greffier (ou par citation
du s. N . . . , huissier, attaché au conseil), en date
du . . , il avait fait citer à comparaître, ce jour lieu et
heure, le sieur N . . . . (désigner les noms, prénoms,
profession et domicile du défendeur), pour se concilier, si faire se peut, sur la demande formée à sa charge
et tendante (énoncer ici l'objet de la demande) à

requis acte, le comparant, de sa comparution, et de la déclaration qu'il fait de persister dans ladite demande, et a signé (ou bien a déclaré ne savoir écrire ni signer de ce interpellé après lecture), d'une part ; est aussi comparu, le sieur N . . . . (nom, prénoms, profession, et domicile du défendeur), lequel a fait réponse (énoncer la réponse du défendeur), et a signé (ou bien a déclaré ne savoir écrire ni signer de ce interpellé après lecture), après avoir engagé les parties à la conciliation et leur avoir proposé les moyens d'arrangement qui nous ont paru les plus conformes à l'équité, lesdites parties n'ayant pu se concilier, nous les avons renvoyé devant le bureau général du présent conseil, qui tiendra sa séance le . . . . (indiquer le jour et l'heure), pour y être jugées conformément aux dispositions des articles, 22 et 36, du décret du 11 Juin 1809.

De tout ce que dessus nous avons rédigé le présent procès-verbal qui a été lu aux parties, et qu'elles ont signé avec nous (ou qui ont déclaré ne savoir signer), et notre greffier, les jours, mois et an que dessus.

(Signatures.)

(Nota) Cet acte doit être enregistré dans les 20 jours, art. 20 et 29 de la loi du 22 frimaire, an 7.

NUMÉRO 5.

Modèle d'un procès-verbal de conciliation.

L'AN mil-huit cent, etc., etc.(comme au procès-verbal qui précède), après avoir engagé lesdites parties à la conciliation, et leur ayant proposé les moyens d'arrangement qui nous ont paru les plus conformes à l'équité, lesdites parties se sont accordées de la manière suivante (indiquer l'arrangement), de tout ce que dessus, nous avons rédigé le présent procès-verbal qui à été lu aux parties et qu'elles ont signé avec nous (ou bien, qui ont déclaré ne savoir signer,) et notre greffier, les jour, mois, et an que dessus.

(Signatures.)

NUMÉRO 6.

Certificat de non comparution. (47)

Par-devant nous, N . . . . et N . . . . tous deux membres du Conseil des Prud'hommes de la ville de.. tenant le bureau particulier dudit conseil.

(47) Aux termes de l'instruction ministérielle, relative aux droits d'enregistrement du 5 juillet 1809, N° 437, cet acte n'est point susceptible de la formalité de l'enregistrement.

Est comparu, ce jourd'hui, à . . . heures du matin, le sieur N . . . , lequel nous a justifié de la lettre qu'il a fait délivrer par notre greffier au sieur N . . . . (indiquer les noms, prénoms, profession, et domicile du défendeur), à comparaître, ce jour et heure, en notre bureau à l'effet d'y être conciliés par nous, si faire se peut, sur le différent qui subsiste entre eux, au sujet de . . . , et, attendu qu'il est l'heure de . . . . et que ledit sieur N . . . . ne comparait pas ni personne pour lui ; sur la réquisition du comparant lui avons délivré le présent certificat pour agir ainsi que de droit. (48)

A . . . . le , . . .

(Signatures.)

NUMÉRO 7.

Cédule en cas d'urgence.

Nous, N . . . . président du Conseil des Prud'-hommes de . . . (ou bien) nous N . . . . et N . . . .

---

(48) Muni de ce certificat, la partie qui veut donner suite à sa réclamation le remet à l'huissier du conseil, chargé de délivrer les assignations. Décret du 11 juin 1809, art. 30.

membres du bureau particulier du Conseil des Prud'-
hommes de la ville de . . . , sur ce qui nous a été
exposé par le sieur N . . . . que . . , considérant qu'il
y a urgence, permettons audit sieur N . . . . requérant de faire citer le sieur N . . . . (noms , prénoms
qualité et demeure) , à comparaitre devant nous ce
jourd'hui à . . . . heures du . . . . à l'effet de s'expliquer sur . . . . et se concilier si, faire se peut, avec ledit sieur N . . . mandons à l'huissier attaché audit
Conseil des Prud'hommes de cette ville de faire la citation requise, et, vu l'urgence, ordonnons également
l'exécution provisoire de la présente cédule sur la
minute des présentes, et de faire la citation requise.

A . . . , le . . . .

(Signatures). (49)

NUMÉRO 8.

Modèle de citation.

L'an mil-huit cent, etc., etc, le . . . , du mois de . . .
à la requête du sieur (noms, prénoms, profession et

---

(49) Toutes les cédules sont assujetties au timbre, loi du 13
brumaire, an 7 art 12, maiselles sont exemptes de la formalité de
l'enregistrement, sauf le droit sur la signification desdites cédules.
Circulaire de l'adm . . . . t du 27 thermidor, an 7, n° 1639.

domicile), lequel fait en tant que de besoin élection de domicile en ma demeure; j'ai .... (noms prénoms demeure et immatricule de l'huissier) soussigné, donné citation au sieur N .... (noms, prénoms, profession et demeure), ou étant en son domicile en parlant à ..., à comparaitre, le .... heures du .... par-devant messieurs les président et membres composant le Conseil général des Prud'hommes de la ville de .... dans le local ordinaire de leurs séances, hôtel de la mairie dudit lieu, à l'effet de s'entendre condamner ..., (motiver l'objet de la demande), et pour que ledit sieur .... cité, n'en ignore; je lui ai, en son domicile et parlant comme ci-dessus, laissé et délivré la copie du présent exploit dont acte, le coût est de ....

(Signature de l'huissier). (50)

NUMÉRO 9.

Modèle d'un jugement contradictoire.

L'an mil huit cent, etc., etc., le... du mois de... le Conseil général des Prud'hommes de la ville de...,

----

(50) Tarif.

arrondissement de..., département de..., a rendu le jugement dont la teneur suit:

Entre le sieur (noms, prénoms, profession et domicile du demandeur), demandeur, comparant en personne aux fins du procès-verbal de non conciliation tenu devant le bureau particulier du présent conseil, en date du..., enregistré à..., le.... (ou bien en vertu de la citation qu'il a fait délivrer par l'huissier N.... attaché à ce conseil, en date du...., enregistré à.... le....)

Lequel a conclu, à ce qu'il plût au conseil (relater ici le dispositif des conclusions du demandeur (51), et le condamner aux frais et dépens, d'une part.

Et le sieur N.... (noms, prénoms, profession, et domicile du défendeur), défendeur, comparant aussi en personne, ou par N.... (noms, prénoms, profession, et demeure du fondé du pouvoir), son fondé de pouvoir suivant acte sous seing privé en date du..., enregistré à..., le.... lequel en réponse à la demande formée à sa charge (ou à la charge de son mandant), a dit que.... (relater ici la réponse ou les conclusions du défenseur), et a conclu également

---

(51) Code de procédure civile, art. 141.

à ce que le demandeur fut débouté de sa demande avec frais et dépens, d'autre part.

Dans le fait (insérer ici l'exposé sommaire de l'objet de la contestation), en droit, la question à juger est celle de . . . . (poser ici la question de droit).

Tout considéré, le Conseil des Prud'hommes faisant droit entre les parties considérant, 1o que . .; 2o . . . .; 3o . . . . . (détailler les motifs);

Condamne le défendeur à payer au demandeur, (mentionner l'objet de la condamnation) (ou bien si la demande n'est pas accueillie, on met):

Déboute le demandeur de ses fins et conclusions, et le condamne aux frais et dépens liquidés à la somme de . . . . (insérer le montant des frais, 1o de lettre de convocation, ou de citation; 2o du procès-verbal de non conciliation; 3o du timbre servant à la minute du jugement) (52), non compris coût, enregistrement et suite du présent jugement.

Ainsi jugé et prononcé en séance publique (53) du Conseil général des Prud'hommes de la ville de...

---

(52) Code de procédure, art. 543.
(53) Même Code, art. 81.

en présence des parties, dans le local ordinaire des audiences, hôtel de la mairie, audit . . . ., le . . . . . par messieurs N . . . ., président, N . . . . N . . . . N . . . . N . . . . (membres dudit conseil.)

(Signatures du président et du greffier). (54)

NUMÉRO 10.

Jugement par défaut contre le défendeur.

L'an mil-huit cent, etc., etc., le . . . . du mois de . . . (comme au jugement qui précède), demandeur, comparant en personne, lequel à conclu à ce qu'il plut au conseil, attendu que le sieur N . . . . . (nom, prénoms, profession, et domicile du défaillant), a été légalement cité à comparaitre, ce jour et heure, devant le présent conseil en vertu du procès-verbal de non conciliation tenu entre les parties devant le bureau particulier de ce conseil en date du . . . . enregistré à . . . ., le . . . . (ou bien en vertu de la citation qui lui a été délivrée par exploit du sieur N . . ., huissier, attaché au présent conseil, en date du . . ., enregistré à . . . ., le . . .), et qu'il ne comparaît pas, attendu

---

(54) Code de procédure, art. 158.

que le dit sieur N . . ., défaillant, est débiteur envers le demandeur (relater l'objet de la demande), par ces motifs ; plaise au conseil, donner défaut contre ledit sieur N . . . non comparant, et, pour le profit, adjuger au demandeur ses fins et conclusions, et condamner ledit défaillant aux frais et dépens, d'une part ; et le sieur N . . . . (nom prénoms, profession, et domicile du défendeur défaillant), non comparant, ni personne pour lui, d'autre part. Dans le fait (comme au jugement précédent), dans le droit, il s'agit de savoir, 1° si la demande formée par le sieur N . . ., demandeur est suffisamment justifiée ; 2o si le défaut requis doit être octroyé. Considérant, sur la première question (détailler les motifs), considérant sur la deuxième question, qu'il résulte suffisamment de la représentation faite à l'audience du procès-verbal de non conciliation tenu entre les parties devant le bureau particulier de ce conseil ; la preuve que le sieur N..., défaillant, à été légalement appelé à comparaitre à cette audience pour répondre à la demande formée à sa charge par ledit sieur N . . ., demandeur, considérant, qu'il est . . . . heures sonnées, et que ledit sieur N . . . . ne comparaît pas ni personne pour lui ; ce qui fait présumer qu'il reconnaît tacitement la légitimité de la demande formée à sa charge par le demandeur ; considérant, qu'aux termes de l'article 41 du décret du 11 juin 1809, la partie citée devant le bureau général du Conseil des Prud'hommes qui ne comparaît pas, est jugée par défaut; le conseil disant droit, donne défaut contre le sieur N . . . . non comparant à cette audience, et, pour le profit, le condamne (relater l'objet de la condamnation), et le condamne en outre aux frais et depens, liquidés à la somme de . . . commet l'huissier N . . . . (55) attaché au présent conseil pour signifier le présent jugement conformément à la loi.

Ainsi jugé et prononcé (comme au jugement qui précéde.)

NUMÉRO 11.

Modéle d'un jugement de défaut-congé ; contre le demandeur.

—— ⚬ ——

L'an mil-huit cent, etc., le . . . . du mois de . . . , le Conseil général des Prud'hommes de la ville de . . . a rendu le jugement dont la teneur suit :

Entre le sieur N . . . . (comme aux précédents jugemens), défendeur aux fins du procès-verbal de non conciliation, etc. (ou de la citation etc., etc.), comparant en personne; lequel attendu la non comparution du sieur N , . . . , demandeur a requis congé

----

(55) Code de procédure, art. 20 et 156.

d'audience contre ledit sieur N . . ., demandeur non comparant ni personne pour lui et, pour le profit, qu'il fut condamné aux dépens, d'une part; et le sieur N..., demandeur non comparant, de deuxième part; le conseil faisant droit aux conclusions du sieur N...., défendeur comparant, attendu qu'il est . . . . heures sonnées, et que ledit sieur N . . ., demandeur, ne comparaît pas ni personne pour lui.

Vu l'article 434 du Code de procédure civile; donne défaut et congé d'audience contre ledit sieur N . . ., demandeur non comparant; en conséquence renvoie le défendeur de la demande intentée à sa charge, et condamne le demandeur défaillant aux frais et dépens, liquidés à la somme de . . . . . Ainsi jugé etc. etc.

NUMÉRO 12.

Des jugemens contradictoires, et non définitifs.

L'an mil-huit cent, etc., le Conseil général des Prud'-hommes de la ville de . . ., etc, a rendu le jugement contradictoire dont la teneur suit :

Entre le sieur N. . ., etc., etc., demandeur, lequel a conclu à ce qu'il plut au conseil (exposer l'objet de

la demande), d'une part; et le sieur N . . ., défendeur, comparant en personne, lequel a aussi conclu,
attendu qu'il ne doit rien au demandeur le débouter
de sa demande avec dépens, d'autre part. Dans le fait,
le demandeur a exposé au conseil que le défendeur est
ouvrier attaché à sa fabrique; qu'en cette qualité, il lui
a fait des avances sur son travail d'une somme de . . . ;
que ce dernier, loin de travailler pour se libérer, a
déserté son atélier; qu'il peut au besoin justifier par
témoins, que cet ouvrier s'est reconnu son débiteur de
ladite somme, et que, par ces motifs, il persiste dans
les conclusions par lui prises contre le défendeur;
de son côté, le défendeur ayant persisté à soutenir qu'il
ne devait rien au demandeur, l'affaire en cet état :
il s'est agi de savoir en droit, si la cause était suffisamment instruite pour recevoir une décision définitive,
parties ouies, considérant que les parties sont contraires en faits de nature à être prouvées par témoins.

Considérant que la preuve offerte par le demandeur est admissible aux termes des articles 253 et
254 du Code de procédure civile.

Le conseil, avant faire droit, ordonne que le demandeur fera la preuve, tant par titre que par témoins, des
faits par lui allégués à la charge du défendeur, ce dernier entier en preuves contraires, auquel effet renvoie

la cause et les parties à l'audience du........(56)
Dépens réservés.

Ainsi jugé et prononcé, etc., etc. (57)

NUMÉRO 15.

Modèle d'un procès-verbal d'enquêtes dans les causes sujettes
à l'appel.

L'an mil huit cent, etc., etc., le.......du mois
de......, devant le bureau général du Conseil des
Prud'hommes de la ville de......., arrondissement
de......, département de........., audience publique tenant, est comparu le sieur N...., demandeur,
lequel a exposé au conseil que, pour se conformer au
prescrit du jugement interlocutoire rendu entre les
parties devant ce conseil, en date du............;
enregistré à...., le.....; il a, par exploit de l'huis-

---

(56) Code de procédure, art. 407.
(57) Les jugemens préparatoires ne sont point expédiés
quand ils ont été rendus contradictoirement, art. 45 du décret
du 11 juin 1809.

sier N....., attaché au présent conseil, fait citer à comparaître, ce jour lieu et heure,

Les sieurs N... N... N... et N.., etc., lesquels sont ici présens, et requiert qu'ils soient entendus comme témoins, d'une part;

Et le sieur N...., etc, défendeur comparant en personne, lequel a déclaré qu'aux termes du même jugement, et, par exploit de l'huissier N..., en date du...., enregistré à..., le,...; il a également fait citer à comparaître, ce jourd'hui lieu et heure, les sieurs N. N... N... et N.., pour être entendus en qualité de témoins, lesquels sont ici présens, et demande qu'ils soient aussi interrogés.

Les témoins produits n'ayant point été reprochés par aucune des parties, le greffier leur a donné lecture du jugement qui a ordonné l'enquête; ensuite le président, après avoir pris de chacun des témoins individuellement leur serment de dire la vérité, et leur déclaration s'ils étaient parens, alliés, ou serviteurs des parties et à quel dégré, a recueilli dans l'ordre suivant leurs dépositions que chacun d'eux a signé, à l'exception des sieurs N... et N... qui ont déclaré ne savoir écrire ni signer de ce interpellé.

Le sieur N..., premier témoin, a déposé que...;
(transcrire sa déposition) lecture à lui faite de sa déposition, a dit qu'elle contient vérité, y a persisté, a
requis taxe à lui octroyée, et a décl aré ne savoir écrire
ni signer (ou bien a requis taxe, et a signé après
lecture à lui faite de sa déposition.)

Le sieur N..., deuxième témoin (et ainsi de suite);

De laquelle enquête le présent procès-verbal a été
rédigé les jours, mois et an que dessus, signé par monsieur le président du conseil et contre-signé par le
greffier.

(Suivent les signatures.)

NUMÉRO 14.

Jugement qui ordonne ce transport dans une manufacture,
ou un atelier.

L'an mil huit cent, etc., etc., le.... du mois de...,
entre le sieur N..., demandeur aux fins de l'exploit,
etc., etc., et le sieur N..., défendeur, etc., etc. dans
le fait (relater l'exposé sommaire de l'objet de la

demande), en droit, il s'est agi de savoir si la cause était suffisamment instruite pour recevoir droit.

Considérant que les parties se trouvent contraires en faits, et que l'inspection de..., etc., etc. sur les lieux peut seule produire les preuves nécessaires à son jugement.

Avant faire droit, dit et ordonne que, par messieurs N.... et N..., membres du conseil, désignés à cet effet, la manufacture du demandeur sera visitée par eux accompagnés du greffier de ce conseil, le...: à.:.... heures du......, en présence des parties qui seront tenues de s'y rendre à l'effet de......., de laquelle opération lesdits membres sus-désignés rédigeront procès-verbal de leur visite pour être ensuite par le conseil statué ce qu'il appartiendra. Dépens reservés.

Ainsi jugé et prononcé en présence des parties en séance publique dudit conseil, etc., etc., (le reste comme aux jugemens précédents).

NUMERO 15.

Rapport de visite sur les lieux.

L'an mil huit cent, etc., le..... du mois de.....,
heure du....., nous, N..... et N...., membres du
Conseil des Prud'hommes de la ville de...., nommés
d'office par jugement dudit conseil, en date du.....,
enregistré à....., le....., à l'effet de nous transporter,
accompagnés de notre greffier, dans la manufacture du
sieur N....., aux fins de...., et en dresser notre rapport pour être remis audit conseil; nous nous sommes
transportés dans ladite manufacture, où, en la présence dudit sieur N..... et du sieur N....., sa partie
adverse, nous avons examiné..... et avons reconnu
que..... (désigner l'objet de la visite); de laquelle
opération, nous avons fait et rédigé le présent procès-
verbal que nous avons signé ; avec notre greffier, les
jours, mois et an que dessus.

(Signatures.)

NUMÉRO 16.

Procès-verbal d'inscription de faux. (88)

L'an mil huit cent, etc., etc., le.... du mois de...,
devant le Conseil général des Prud'hommes (ou bien
devant le bureau particulier du Conseil des Prud'-
hommes), entre le sieur N:...., demandeur au sujet
de.... soumise à la décision dudit conseil, sur la présentation faite devant ledit conseil de..... (telle pièce).

Le sieur N...:..., défendeur, a, sur-le-champ, dé-
nié l'écriture et la signature de cette pièce à lui op-
posée, et a déclaré ne pas la reconnaître, et vouloir
s'inscrire en faux contre elle; a requis acte au conseil
de sa déclaration, et a signé..... (ou bien a déclaré
ne savoir écrire ni signer de ce interpellé).

Nous, président dudit conseil (ou bien nous, mem-

---

(88) Décret du 11 juin 1809, art. 37. Code de procédure
civile, art. 14.

bres du bureau particulier dudit conseil), donnons acte audit sieur...., défendeur de sa déclaration et réquisition, et, en exécution de l'article 37 du décret du 11 juin 1809, avons paraphé ladite pièce.... (à tels endroits) *ne varietur;* et, après avoir suspendu tout jugement, avons renvoyé les parties devant juges qui doivent en connaître; de tout quoi, nous avons rédigé le présent procès-verbal que nous avons signé, ainsi que les parties et notre greffier, les jours, mois et an que dessus.

(Signatures.)

NUMÉRO 17.

Acte de récusation.

———◆◆◆◆———

L'an mil huit cent, etc., le.... du mois de...., à la requête du sieur N..... (noms, prénoms, profession et domicile du requérant), j'ai (immatricule de l'huissier) soussigné, me suis, ce jourd'hui, transporté au secrétariat du Conseil des Prud'hommes de la ville de....., où étant en parlant à monsieur N...., greffier dudit conseil, ai signifié et déclaré à monsieur N...., membre dudit conseil, que le requérant le récuse pour juge dans la contestation existante entre ledit requérant et le sieur N....., soumise à la décision dudit Conseil de Prud'hommes dont il est membre, attendu qu'il est parent... (à tel degré) dudit sieur N...., sa partie adverse (ou qu'il a un intérêt personnel à lui et à la contestation à cause de...) (ou qu'il y a procès entre lui et mondit sieur) ; et, pour que mondit sieur N...., membre dudit conseil, n'en ignore, je lui ai, en parlant comme ci-dessus, laissé et délivré copie du présent exploit signé du requérant dont acte, le coût est de......

(Signature de l'huissier.)

Vu et reçu copie de l'acte de récusation ci-dessus.

A....., le......

(Signature du greffier.)

NUMÉRO 18.

Réponse à l'acte de récusation par le membre des Prud'hommes récusé.

Je soussigné, N,...., membre du Conseil des

» Prud'hommes de la ville de....., déclare déférer à
» la récusation formée contre moi par le sieur N.....,
» etc., à....., le..... »

(Signature.)

Ou, « il n'y a pas lieu à récusation, n'ayant aucun
» intérêt personnel dans l'affaire (ou n'étant parent
» et allié au degré marqué par la loi), ou n'ayant
» pas donné avis par écrit dans l'affaire dudit sieur
» N.... contre le sieur N..,. »

A....., ce..... 183 .

(Signature.)

NUMERO 19.

Envoi de l'acte de récusation au président du tribunal de
commerce.

Nous....., N....., président du Conseil des Prud'-
hommes de la ville de....

Vu l'acte de récusation signifié à monsieur N.....,
membre dudit conseil, à la requête du sieur N....,.

4*

par exploit de l'huissier N...., en date du...., enregistré à...., le.....

Et vu le refus dudit sieur N..... de s'abstenir de prendre part au jugement à rendre par le Conseil des Prud'hommes sur la contestation existante entre ledit sieur N.... et le sieur N...., au sujet de..... (mentionner la cause de la récusation.)

En conformité de l'article 17 du décret du 11 juin 1809, transmettons à monsieur le président du tribunal de commerce de la ville de...... ledit acte de récusation et la réponse que ledit sieur N.... y a faite pour y être statué ce que de droit.

Pour la décision à intervenir audit tribunal nous être renvoyée afin que les parties aient à s'y conformer.

A....., le..... 183

(Signature.)

NUMÉRO 20.

De l'opposition à un jugement par défaut.

L'an mil huit cent, etc., le.... du mois de...., à la requête du sieur N...., j'ai..... (immatricule de l'huissier) soussigné, signifié et déclaré au sieur N..., en son domicile, en parlant à....., que le requérant est opposant, comme de fait; par ces présentes, il s'oppose à l'exécution du jugement par défaut surpris contre lui au bureau général du Conseil des Prud'-hommes de la ville de...., en date du...., enregistré à....., le.....

Les moyens qu'il fait et fera valoir à l'audience à l'appui de la présente opposition sont fondés sur..... (déduire ici les moyens d'opposition) (59); en conséquence, et, pour être fait droit sur ladite opposition, j'ai, huissier susdit et soussigné, au même instant à la

---

(59) Décret du 11 juin 1809, art, 42.

même requête, domicile et parlant comme dessus, donné assignation audit sieur N.... à comparaître le.:..., heures de...., devant messieurs les président et membres composant le bureau général du Conseil des Prud'hommes de la ville de...., dans le local ordinaire de leurs séances, pour voir dire que les parties seront remises au même et semblable état où elles étaient avant ledit jugement; et, au principal, que ledit sieur N.... sera débouté de sa demande formée contre le requérant, et de plus condamné en tous frais et dépens; et, pour que ledit sieur N..... n'en ignore, je lui ai, en son domicile et parlant comme ci-dessus, laissé et délivré la copie du présent exploit dont acte, le coût est de.....

(Signature de l'huissier.)

NUMÉRO 21.

Jugement contradictoire sur opposition.

L'an mil huit cent, etc., le.... du mois de...., le Conseil général des Prud'hommes de la ville de...., etc., a rendu le jugement dont la teneur suit :

Entre le sieur N...., défendeur au principal et demandeur sur opposition, comme il en constate de l'exploit d'assignation qu'il a fait signifier au sieur.... O... ci-après qualifié, lequel a conclu à ce qu'il plut au conseil le recevoir opposant au jugement par défaut rendu à sa charge par le présent conseil, le...., enregistré à...., le...., et statuant sur ladite opposition (insérer ici les conclusions du demandeur), et condamner l'assigné au dépens, d'une part ;

Et le sieur O...., demandeur au principal et défendeur sur opposition, lequel a conclu à ce qu'il plut au conseil ; déclarer ladite opposition nulle et non recevable, ordonner que ledit jugement, en date du...., sortira effet ; condamner l'opposant aux frais et dépens, d'autre part.

Dans le fait, par jugement rendu en ce conseil, le.... dernier, le demandeur a été condamné par défaut à payer au défendeur la somme de...: avec frais et dépens ; ledit sieur N...., demandeur, ayant formé opposition à ce jugement et fait valoir à l'appui de sa demande.... (relater sommairement les moyens) en droit, il s'est agi de savoir si l'opposition au jugement dont il s'agit était ou non recevable, *quid* des dépenses ?

Considérant que l'opposition formée par N.... est

régulière en la forme, le conseil faisant droit reçoit ledit sieur N..., opposant à l'éxécution de son jugement, en date du..., et statuant au fond; considérant que.., deboute le sieur O..., demandeur au principal, de ses fins et conclusions, et le condamne aux frais et dépens des deux instances, etc., etc. (ou bien, considérant que l'opposition formée par ledit sieur N.... au jugement, en date du.., est irrégulièrement formée pour n'avoir pas été faite dans le délai prescrit par la loi; déclare ladite opposition nulle, irrégulière et non avenue; ordonne que son jugement, en date du..., sortira son plein et entier effet, et condamne le demandeur opposant aux frais et dépens des deux instances.

Ainsi jugé et prononcé en séance publique du Conseil général des Prud'hommes de la ville de..., en présence des parties, dans le local ordinaire des audiences, hôtel de la mairie, par messieurs N..., N...N..., etc., membres dudit conseil, etc., le.., 183 .

(Signatures du président et du greffier.)

FIN DU 4ᵐᵉ LIVRE.

LIVRE CINQUIÈME.

CHAPITRE 2.

FORMULES DES ACTES RELATIFS

AUX MATIÈRES CRIMINELLES,

ET DE POLICE.

———◦———

NUMÉRO 22.

Citation au tribunal de police des Prud'hommes à la requête
du ministère public.   (60)

———◦◦◦———

L'an mil huit cent trente, etc., le..., du mois de...,
à la requête de monsieur N...., vice-président du
Conseil des Prud'hommes de la ville de..., arrondis-
ement du..., département de..., remplissant en cette
partie les fonctions du ministère public, j'ai, N....
(immatricule de l'huissier) donné citation au s^r O....

———

(60) Code d'instruction criminelle, art. 1, 8, 9, 15, 144, 145
et suivant.

(nom, prénoms, qualité, et domicile du cité), en son domicile en parlant à..., à comparaître en personne, le..., heures de.., devant messieurs les président et membres composant le Conseil général des Prud'hommes de la ville de..., tenant audience de police, dans le local ordinaire de ses séances, hôtel de la mairie, pour s'entendre condamner aux peines prévues par la loi, pour s'être permis.... (relater ici les faits imputés au prévenu); ainsi qu'il est constaté au procès-verbal tenu à sa charge par N..., en date du...., enregistré à....., le.... (ou bien par suite de la plainte portée à sa charge par monsieur N..., le..., etc.; et, pour que ledit sieur N... cité n'en ignore, je lui ai, en son domicile et parlant comme dessus, laissé et délivré la copie du présent exploit de citation dont acte, le coût est de...,

(Signature de l'huissier.) (61)

-----

(61) Cet acte, ainsi que tous les jugemens et procès-verbaux pour faits de police, doivent être enregistrés en débet. Loi du 22 frimaire, an 7, titre 11, art. 70, § 1er. Lettre du ministre des finances du 12 germinal, an 7.

NUMÉRO 23.

Citation au même tribunal à la requête d'une partie privée.

(62)

L'an mil huit cent trente, etc., le.., du mois de..., à la requête du sieur N.... (nom, prénoms, profession et domicile), j'ai (immatricule de l'huissier) donné citation au sieur O.... (nom, prénoms, profession et domicile du cité) à comparaître en personne, le..., heures de..., devant messieurs les président et membres composant le Conseil des Prud'hommes de la ville de..., tenant audience de police dans le local ordinaire des séances, hôtel de la mairie, pour et attendu que, dans la journée du..., à..., heures de..., le cité, qui travaille en qualité d'ouvrier dans les ateliers du requérant, s'est permis sans provocation aucune d'injurier gravement le requérant en lui imputant (relater les faits relatifs à la plainte); par ces motifs, s'entendre condamner aux peines prévues par

---

(62) Code d'instruction criminelle, art. 1er, 3, et 63.

la loi, et, en outre, à payer au requérant, à titre de
dommages-intérêts et de réparation civile, la somme
de..., voir dire aussi que défenses lui seront faites de
ne plus récidiver à l'avenir sous peines plus graves ;
s'entendre également condamner aux frais et dépens;
et, pour que ledit sieur N... cité n'en ignore, je lui ai,
en son domicile et parlant comme dessus, laissé
et délivré la copie du présent exploit dont acte, le
coût est de...,

(Signatures de l'huissier.) (63)

NUMÉRO 24.

Jugement de police sur la poursuite du ministère public. (64)

Le Conseil général des Prud'hommes de la ville

---

(63) Cet exploit étant fait à la requête d'une partie civile
doit être fait sur papier timbré, l'article 4 de la loi du 5 pluviose,
an 13, porte, qu'en matière de police, ceux qui se constituent
partie civile sont tenus d'avancer les frais.

(64) L'instruction des affaires de simple police devant les Conseils de Prud'hommes doit être faite ainsi qu'il est prescrit en l'article 153 du Code d'instruction criminelle,

de..., arrondissement de..., département du..., a rendu le jugement de police dont la teneur suit :

Entre monsieur N..., vice-président en ce conseil, remplissant les fonctions du ministère public, demandeur aux fins de la citation donnée à sa requête par exploit de..., en date du..., enregistré en débet à..., le..., tendante à ce que le ci-après nommé soit condamné à..., (expliquer le fait..., et, s'il y a un procès-verbal, on ajoutera) :

Ainsi qu'il résulte du procès-verbal dressé à sa charge par..., le..., duement enregistré à..., le....

Et le sieur N.... (nom, prénoms, profession et domicile du défendeur), défendeur aux fins dudit exploit, comparant en personne, ou bien par N.... (nom, prénoms, profession et demeure du fondé de pouvoir), selon pouvoir sous-seing privé, en date du..., enregistré à..., le..., lequel a conclu à être déchargé des poursuites intentées à sa charge, etc.

Lecture faite par le greffier du procès-verbal sus-énoncé (s'il y a des témoins on ajoutera : ont été entendus, dans la forme prescrite par la loi, les sieurs N..., N.... et N.... témoins cités à comparaître à la requête du ministère public par exploit de l'huissier N..., en date du..., enregistré en debet à..., le....)

Oui, ledit sieur N,..., en sa défense (s'il y a des témoins de son côté), ensemble les sieurs N,... N.... et N.... (nom, prénoms, profession et domicile des témoins), témoins par lui amenés (ou cités à sa requête par exploit de..., etc.

Oui, ensuite mondit sieur N..., faisant fonction de procureur du roi, lequel a persisté dans les conclusions de l'exploit de citation (ou bien a requis....)

Le conseil faisant droit : considérant que du procès-verbal sus-énoncé, et de la déposition des témoins entendus à cette audience, il en résulte que le cité s'est rendu coupable de.... (expliquer les faits et circons-tances de la cause); que cette contravention est pré-vue par l'article.... (rappeler ici les dispositions de la loi); par ces motifs, condamne ledit N.... cité à..., (désigner la peine); et, en conformité de l'article 162 du Code d'Instruction criminelle, le condamne éga-lement aux frais et dépens liquidés à....

Ainsi jugé et prononcé en séance publique, etc.

(Signature du président et du greffier.)

NUMÉRO 25.

Procès-verbaux et actes d'instruction en matière criminelle et de police.

CITATION EN MATIÈRE D'INSTRUCTION. (65)

L'an mil huit cent trente, etc, le..., du mois de...,
à la requête de monsieur N...., vice-président du
Conseil des Prud'hommes de la ville de..., arrondissement de..., département du..., remplissant en cette
partie les fonctions du ministère public, j'ai, N...,
huissier, etc., soussigné, donné citation au sieur N....
(nom, prénoms, profession et domicile du cité) en
parlant à..., à comparaître en personne, le...,, heures
du..., devant monsieur le président dudit Conseil de
Prud'hommes, dans une des salles dudit conseil, hôtel
de la mairie, pour être entendu comme témoin
dans la procédure instruite à la charge du nommé

---

(65) Code d'instruction criminelle , art. 72.

N...., prévenu de soustraction de matières premières consistant en tissus de coton, etc., etc., lui déclarant que, faute par lui de comparaître, il y sera contraint conformément à la loi ; et, pour que ledit sieur N.... cité n'en puisse prétexter cause d'ignorance, je lui ai, en son domicile en parlant comme dessus, laissé et délivré la copie du présent exploit dont acte, le coût est de....

(Signature de l'huissier.)

NUMÉRO 26.

Acte d'instruction. (66)

L'an mil huit cent trente, etc., le..., heure du..., par devant nous, N..., président du Conseil des Prud'-hommes de la ville de..., arrondissement du...,

---

(66) Décret du 18 mars 1806, art. 10, 11, 12 et 13. Code d'instruction criminelle, art. 53. *(Nota benè.)* Dans l'instruction ci-dessus, si le procureur du roi se présentait pour exercer son ministère, il aurait le droit de priorité. Code d'instruction, art. 51 et 52.

département du..., remplissant en cette partie lés fonctions d'officier de police judiciaire, assisté de M. N..., notre greffier,

Est comparu, en vertu de la citation qui lui a été délivrée, le..., par N..., huissier..., enregistré en débet à..., le..., et que le témoin nous a représenté le sieur N...., (nom, prénoms, profession et demeure du témoin), lequel, après serment de dire la vérité, toute la vérité, enquis de ses noms, prénoms, âge, profession et demeure, et s'il n'est parent, allié, serviteur ni domestique du nommé N..., (le prévenu), a dit s'appeler N..., âgé de..., demeurant à..., n'être parent, allié, serviteur ni domestique dudit N..., prévenu, interpellé de nous déclarer ce qui est à sa connaissance relativement au vol de tissus de coton, qui aurait été commis dans l'atelier du sieur N..., a répondu.... (insérer ici les réponses du témoin, ainsi que les nouvelles interpellations qui lui sont faites), qui est tout ce que ledit témoin a dit savoir, lecture à lui faite de sa déposition, a dit qu'elle contient vérité, y persister, n'y vouloir rien changer, a requis taxe, et a signé avec nous et notre greffier, les jour, mois et an que dessus (ou si le témoin ne sait signer) et a ledit témoin déclaré ne savoir écrire ni signer de ce interpellé, en foi de quoi nous avons, aiusi que notre greffier, signé.

(Signatures).

NUMÉRO 27.

Acte d'accusation.

L'an mil huit cent trente, etc., etc., le..., du mois de..., le Conseil général des Prud'hommes de la ville de..., arrondissement de..., département du..., a rendu l'ordonnance dont la teneur suit :

Vu le procès-verbal, en date du..., enregistré à..., le,.., tenu par messieurs N.... et N..., membres du bureau particulier du présent conseil, à la charge du nommé N..., (nom, prénoms, âge, profession et demeure de l'accusé), constatant le délit de soustraction de tissus de coton dont il est accusé ; vu également le procès-verbal d'instruction fait à sa charge par monsieur le président de ce conseil, en date du..., enregistré en débet à..., le...; considérant qu'il résulte desdits procès-verbaux et instruction, que ledit sieur N.... (l'accusé) est suffisamment prévenu de s'être rendu coupable de la soustraction de matières premières consistant en tissus de coton, dans l'atelier du sieur P..., son maître, etc.; considérant que ce délit est prévu par les articles 406 et 408 du Code pénal;

Vu lesdits articles, ensemble les articles 10, 11 12 et 13, titre 2, section 2 de la loi du 18 mars 1806;

Le conseil faisant droit, dit et ordonne que ledit N.... (l'accusé) sera mis sur-le-champ à la disposition de monsieur le procureur du roi près le tribunal civil de..., pour être statué ce qu'il appartiendra; qu'à cet effet, il sera appréhendé au corps et conduit à ce magistrat, ainsi que les pièces de convictions et de procédure, par tout officier de la force publique sur ce requis.

Ainsi fait et ordonné en chambre du Conseil général des Prud'hommes de la ville de...., dans le local ordinaire des audiences, hôtel de la mairie, audit, à ...., le...., 183 , (67)

(Signature des membres du conseil et du greffier.)

---

(67) Aux termes de la loi du 22 frimaire, an 7, titre 11, art. 70, § 1er, et de la lettre du ministre des finances du 12 germinal, an 7, Cet acte doit être enregistré en débet.

NUMÉRO 28.

Plainte.

L'an mil huit cent, etc., le...., heures de..., par devant nous, N... et N..., tous deux membres du Conseil des Prud'hommes de la ville de..., arrondissement du.., département de..., tenant le bureau particulier dudit conseil, est comparu le sieur N..., lequel a déclaré... (motifs de la plainte et noms des délinquans), et a requis que, pour prévenir désormais de semblables délits, la peine prononcée par la loi fût appliquée aux délinquans, déclarant qu'il y a pour témoin du délit dont il rend plainte, les sieurs N... et N..., et a, le comparant, signé, avec nous et notre greffier, les jour, mois et an que dessus.

(Signature.)

NUMÉRO 29.

Ordonnance sur la plainte.

Vu la plainte portée devant le bureau particulier du Conseil des Prud'hommes de la ville de..., en date du..., enregistré... le...

Nous, N..., président dudit conseil, ordonnons que messieurs N... et N..., membres dudit conseil, et que nous commettons à cet effet, se transporteront sur-le-champ dans l'atelier dudit sieur N... pour y prendre connaissance des faits relatés en ladite plainte, entendre les délinquans et témoins, et du tout rédiger procès-verbal pour être ensuite statué ce que de droit.

Donné en chambre du Conseil des Prud'hommes de la ville de..., le... 183 .

(Signature du président.)

NUMÉRO 50.

Procès-verbal de transport sur les lieux.

L'an mil huit cent trente, etc., le..., heure de...;

Nous, N... et N..., membres du Conseil des Prud'hommes de la ville de..., commis à cet effet par ordonnance de monsieur le président dudit conseil, en date du..., enregistrée à..., le..., pour nous transporter dans l'atelier du sieur N..., à l'effet d'y prendre connaissance du trouble et de l'indiscipline qui y règne, d'en constater la cause et les auteurs; nous sommes transporté dans ledit atelier, accompagnés de notre greffier ; où, étant, nous avons trouvé, etc. (expliquer ce qu'ils ont observé, ce qu'ils ont dit, ce qui leur a été répondu, mentionner la déposition des témoins), et avons, de ce qui précède, rédigé et clos le présent procès-verbal, les jour, mois et an que dessus.

(Signatures.)

NUMÉRO 31.

Plainte contre un apprenti.

———— ✦ ————

L'an 183   , etc., etc., le... du mois de..., devant nous, N..., et N..., membres du Conseil des Prud'hommes de la ville de..., tenant le bureau particulier dudit conseil, s'est présenté le sieur N..., marchand-fabricand de..., ou chef d'atelier de..., ou contre-maître de..., lequel nous a déclaré que le nommé N..., âgé de..., son apprenti, s'est permis de lui manquer d'une manière grave en... (expliquer les faits), et ce, en présence des sieurs R... et T..., amenés avec lui pour en attester la vérité, pourquoi il requiert que la peine prévue en pareil cas soit appliquée audit apprenti pour punition du manque grave envers sa personne et pour l'exemple, et a, ledit sieur N..., signé sa déclaration avec lesdits sieurs N... et N..., ses témoins.

(Signatures.)

NUMÉRO 32.

Ordonnance d'emprisonnement contre un apprenti. (68)

Nous, président du Conseil des Prud'hommes de la ville de..., arrondissement de..., département du..., d'après la déclaration faite devant le bureau particulier dudit conseil, le..., enregistrée, le..., par le sieur N..., du manque grave de la part du sieur R..., apprenti, envers sa personne; lequel consiste en..... (désigner l'objet de la plainte.)

Ainsi que l'attestent les sieurs N... et N..., et d'après l'aveu qu'en fait ledit R...;

Ordonnons que, pour punition dudit manque grave de la part dudit R... envers la personne du sieur N..., son maître, auquel il doit respect et obéissance, et pour servir d'exemple dans l'atelier, conformément aux dispositions de l'article 4, titre 4 du décret du

---

(68) Décret du 3 août 1810, art. 4.

3 août 1810, ledit sieur R..., apprenti, se rendra, ce jourd'hui..., dans la maison d'arrêt de cette ville, et y gardera prison, l'espace de... jours, et, faute par lui de déférer à la présente ordonnance; il y sera contraint par la force publique, et lui faisons défense de récidiver.

Ainsi fait et ordonné en chambre du Conseil des Prud'hommes de la ville de..., les jour, mois et an que dessus.

(Signature du président.)

Nota. Si l'apprenti, sur l'avertissement de se rendre en prison, ne défère pas à cette ordonnance, le président la lui fait notifier par huissier, aux frais de ses parens; et, en vertu de l'expédition de cette ordonnance certifiée par le greffier, il sera emprisonné par le premier agent de police ou de la force publique

NUMÉRO 53.

Cédule pour faire comparaître des délinquans dans le jour et à bref délai.

Nous, N..., président du Conseil des Prud'hommes de la ville de..., sur ce qui nous a été exposé par le sieur..., que (la plainte) ; considérant qu'il y a urgence, mandons et ordonnons à notre huissier N..., ou à tout autre, sur ce requis, qu'il ait à citer les sieurs N... N... et N... à comparaître, ce jourd'hui..., heures..., par devant nous (ou bien devant le bureau général), pour y répondre sur les faits énoncés dans la plainte rendue contre eux par ledit sieur...; leur déclarant que, faute par eux de comparaître en personne, ils y seront contraints conformément à la loi.

Ainsi fait et ordonné en chambre du Conseil des Prud'hommes de la ville de..., le... 183 .

(Signature du président.)

NUMÉRO 34.

Procès-verbal constatant le dépôt d'un dessin au greffe des Prud'hommes.

L'an 183 , etc., etc., le... du mois de..., s'est présenté au greffe du Conseil des Prud'hommes de la ville de... le sieur N..., lequel a exhibé à nous, greffier dudit conseil, un paquet sous enveloppe, revêtu de son cachet et de sa signature, qu'il nous a déclaré contenir un échantillon de dessin de son invention, dont il entend se réserver la propriété exclusive pendant (désigner le temps), ou à perpétuité, et nous a requis, conformément aux dispositions des articles 15, 16, 17 et 18 du décret du 18 mars 1806, de recevoir le dépôt dudit dessin, et d'en faire l'enregistrement sur le registre à ce destiné.

Ce que nous lui avons octroyé, et, après avoir opposé sur ledit paquet le sceau du conseil et le numéro..., qui est celui de son enregistrement;

Nous avons délivré le présent audit sieur N... pour lui servir et valoir ce que de droit.

(Signature.)

NUMÉRO 53.

Acte de dépôt au greffe des Prud'hommes d'une marque de fabricant.

———————

L'an 183 , etc., etc., le... du mois de..., s'est

présenté au greffe du Conseil des Prud'hommes de cette ville de...., le sieur N..., lequel nous a exhibé une marque en..., consistant en..., qu'il a déclaré être la sienne dont il se sert pour en frapper ou empreindre les ouvrages de sa fabrication, et nous a requis, conformément aux articles 7, 8 et 9 du décret du 11 juin 1809, de recevoir le dépôt ou l'empreinte sur les tables communes de ladite marque, et d'en faire l'enregistrement sur le registre à ce destiné.

Ce que nous lui avons octroyé et lui avons délivré le présent procès-verbal pour lui servir et valoir ce que de droit.

(Signature.)

NUMÉRO 56.

Dénonciation en contre-façon de marque ou dessin.

L'an 183 , etc., etc., le... du mois de..., devant nous N... et N..., membres du Conseil des Prud'hommes de la ville de..., tenant le bureau particulier dudit conseil, est comparu le sieur N..., lequel a déclaré, qu'instruit que, dans l'atelier ou le magasin du sieur O..., il existait des marchandises marquées de

(désigner la marque), qui est la marque dont le comparant se sert comme étant sa propriété , et dont il a fait le dépôt au greffe du Conseil des Prud'hommes de la ville de..., le,.., etc.; que ces marchandises ne proviennent pas de sa fabrique;

Qu'il a , en conséquence , fait saisir lesdites marchandises par le commissaire de police de..., le..., qui les a laissées à la garde du sieur P...; pourquoi le comparant requiert qu'il soit procédé à la visite desdites marchandises et constater la contre-façon de sa marque, et a signé après lecture, les jour, mois et an que dessus.

(Signatures.)

NUMÉRO 57.

Instruction sur la plainte d'une contre-façon de marque.

Vu la dénonciation en contre-façon de marque portée devant le bureau particulier du Conseil des Prud'hommes de cette ville de..., en date du,.., enregistrée à... le.., par le sieur N..., demeurant à..,;

Nous, P..., président dudit Conseil de Prud'hommes, disons et ordonnons que messieurs N..., et N...,
membres dudit conseil, se transporteront, accompagnés du greffier, dans le magasin du sieur O... (ou
bien chez le sieur N...);

A l'effet d'y vérifier si les objets que ledit sieur
N... a fait saisir, portent une marque qui constate le
délit de la contre-façon dont il se plaint;

De laquelle opération, procès-verbal sera rédigé
et remis au bureau général pour être ensuite statué
ce qu'il appartiendra.

Ainsi fait et ordonné en chambre du Conseil des
Prud'hommes de..., les jour, mois et an que dessus.

(Signature du président.)

NUMÉRO 58.

Procès-verbal de visite sur les lieux en contre-façon de marque.

———

L......., l.... d. mois de..., heures de...nous,
sous....... N..., membres du Conseil des Prud'-

hommes de la ville de..., etc., commis à cet effet par ordonnance de monsieur le président dudit conseil, en date du..., enregistrée à..., le...;

A effet de vérifier si les marchandises que le sieur N... a fait saisir dans les magasins du sieur N... sont empreintes ou frappées de fausse marque;

Nous nous sommes transporté, accompagnés de notre greffier, chez le sieur N... (désigner les marchandises ou objets saisis, décrire la marque qu'ils portent); comparaison faite de la marque dont sont empreints ou frappés lesdits objets avec la marque dudit sieur N..., déposée au greffe du Conseil des Prud'hommes de...., le..., etc.

Nous avons reconnu (s'il y a ou non contre-façon, ou seulement ressemblance);

Et de tout ce que dessus, avons fait et clos le présent procès-verbal que nous avons signé, avec notre greffier, les jour mois et an que dessus.

(Signatures.)

NUMÉRO 39.

Jugement contre la contre-façon de marque.

L'an, etc. (comme aux autres jugemens).

Point de fait.

Le sieur N... a dénoncé comme coupable de contre-façon de sa marque le sieur O..., etc., etc. En droit, la question à juger est celle de savoir si le délit imputé audit sieur O..., d'avoir contre-fait la marque du sieur N..., est suffisamment établi.

Le Conseil général des Prud'hommes, après avoir entendu le sieur N..., demandeur en ses conclusions, le défendeur en ses moyens de défenses;

Oui, également monsieur R..., vice-président de ce conseil, remplissant les fonctions du ministère public, lequel a conclu (relater le dispositif des conclusions du ministère public); considérant qu'il résulte du procès-verbal tenu par messieurs N... et N.., commissaires à cet effet, qui ont fait la vérification des marques dont il s'agit que... (relater les motifs); que dès-lors ledit sieur O... est suffisamment convaincu d'avoir contre-fait la marque du sieur N..., demandeur; considérant que ce délit est prévu par les articles 1, 2, titre 1er 8, titre 2 du décret du 5 septembre 1810, faisant application desdits articles audit sieur O..., le condamne en l'amende de... francs; dit que les marchandises ou objets saisis seront confisqués, et demeureront au profit du sieur N..., demandeur; que ledit sieur O... paiera, en outre, au demandeur, la somme de... francs, à titre de dommage et intérêts;

Ordonne que le présent jugement sera imprimé et affiché dans la ville de.... jusqu'à concurrence de.... exemplaires, et condamne de plus ledit O... en tous frais et dépens liquidés à la somme de..., non compris enregistrement, signification, impression et coût du présent jugement.

Ainsi jugé, etc., etc.

(Signatures.)

NUMÉRO 40.

Jugement sur fausse dénonciation en contre-façon de marque.

⸺⸺⸺⸺

L'an, etc. (comme aux autres jugemens).

Point de fait.

..... (Expliquer le fait de la cause).

En droit, il s'est agi de savoir :

1º Si le délit imputé au sieur O..., défendeur du chef de contre-façon de marque, est suffisamment prouvé;

2º Dans le cas de la négative, si les dommages-intéréts par lui réclamés à la charge du demandeur doivent lui être arcordés;

3º Qui doit supporter les frais?

Considérant que de l'inspection prise des procès-verbaux de saisi et d'instruction faite par messieurs N... et N..., membres de ce conseil, il n'est nullement établi que ledit sieur O... se soit rendu coupable du délit de contre-façon de marque qui lui est imputé;

Que dès-lors, c'est à tort et mal à propos que le demandeur a fait saisir les marchandises dudit O...;

Le conseil faisant droit, déclare ladite saisie nulle et de nul effet; en conséquence, ordonne que les marchandises saisies seront restituées sur-le-champ au défendeur par le gardien d'icelles, à quoi faire ledit gardien contraint même par corps, quoi faisant déchargé ;

Condamne le demandeur à payer au défendeur, à titre de dommage-intérêts et de réparation civile, la somme de...

Le condamne, en outre, aux frais et dépens liquidés à...

Ainsi jugé, etc., etc.

(Signatures.)

NUMÉRO 41.

Procès-verbal de visite dans une fabrique de savon.

L'an 183 , etc., le... du mois de:.. nous, soussignés N... et N..., membres du Conseil des Prud'hommes de la ville de..., désignés par monsieur le président dudit conseil pour faire, dans les fabriques de savon de ladite ville de... et dans les lieux de débit de savon, les visites ordonnées par l'article 5 du décret du 1er avril 1811.

Nous nous sommes transporté accompagnés de notre greffier dans la fabrique de savon du sieur... (ou bien dans les magasins ou la boutique du sieur N...), où nous avons trouvé (exprimer le nombre de caisses et leur contenance debri-ques de savon) non empreintes de la marque dudit sieur....

En conséquence, avons procédé à la saisie desdits savons, et les avons fait transporter au greffe dudit Conseil de Prud'hommes pour être statué contre ledit sieur... (partie saisie) ce qu'il appartiendra.

De laquelle opération, nous avons rédigé et clos le présent procès-verbal que nous avons signé, ainsi que notre greffier, les jour, mois et an que dessus.

(Signatures.)

NUMÉRO 42.

Jugement sur contre-façon de marque.

L'an 183 , etc., le.... du mois de..., le Conseil général des Prud'hommes de la ville de..., arrondissement de..., département du..., a rendu le jugement dont la teneur suit :

Entre monsieur N..., vice-président dudit conseil, remplissant en cette partie les fonctions du procureur du roi, demandeur en vertu de la citation qu'il a fait délivrer à sa requête au dénommé ci-après par exploit du sieur N..., huissier, attaché au présent conseil, le..., enregistréer débet à..., le...

Lequel a conclu à ce qu'il plut au conseil (relater le dispositif des conclusions), d'une part ;

Et le sieur O..., défendeur à la citation sus-énon_cée, comparant en personne, lequel a conclu à être renvoyé de la plainte portée à sa charge sans frais, d'autre part.

Dans le fait (expliquer sommairement le fait de la cause).

Dans le droit, il s'est agi de savoir si les savons blancs saisis comme il en conste du procés-verbal de messieurs N... et N..., membres de ce conseil, en date du..., enregistré à..., le..., sur ledit sieur O.... avaient été fabriqués en fraude des dispositions des articles 1, 2 et 3 du décret du 1er avril 1811.

Dans le cas de l'affirmative, si l'on devait en prononcer la confiscation et l'amende prévue par ladite loi?

Après avoir entendu contradictoirement le ministère public dans ses fins et conclusions, et ledit sieur O... dans ses moyens de défense; considérant qu'il résulte tant du procès-verbal sus-rappelé, rédigé à la charge du défendeur par messieurs N... et N.., membres de ce conseil, que des circonstances de la cause; que le cité s'est rendu coupable du délit de contrefaçon de marque qui lui est imputé;

Considérant que ce délit est prévu par les articles 1, 2 et 3 du décret du 1er avril 1811. Ainsi conçu (copier ces articles).

En conséquence et en vertu desdits articles, le conseil faisant droit déclare bonne et valable la saisie faite desdits savons au nombre de... briques, sur ledit sieur O...;

Ordonne que les savons dont il s'agit seront vendus publiquement d'après les formalités voulues par la loi; que moitié du produit de ladite vente sera versée dans la caisse des hospices de cette ville, et l'autre moitié au profit de la caisse municipale de cette ville (ou bien au profit de... désigner la commune); condamne également ledit O... en l'amende de... et aux dépens liquidés à la somme de..., etc.

Ainsi jugé et prononcé, etc., etc.

NUMÉRO 43.

Jugement de condamnation à une amende pour manque de respect à l'audience.

L'an 183 , etc., le... du mois de...,;

Nous, soussignés N... et N..., membres du Conseil général des Prud'hommes de la ville de..., arrondissement du..., département de...;

Tenant le bureau particulier dudit conseil, étant en fonctions d'entendre et concilier le sieur O... et le sieur S... sur le différent qui existe entre eux.

Ledit sieur S... s'étant permis plusieurs paroles injurieuses et malhonnêtes envers ledit sieur O..., et ayant récidivé plusieurs fois, malgré nos avertissemens, d'un commun avis, et conformément au prescrit de l'article 23 du décret du 11 juin 1809, avons condamné et condamnons ledit sieur S... à... francs d'amende ; ordonnons, de plus, que copie du présent jugement sera affiché dans la ville de..., au nombre de... exemplaires, et condamnons ledit sieur S... en tous frais et dépens liquidés à la somme de...

Ainsi jugé et prononcé en bureau particulier dudit Conseil de Prud'hommes, séance publique tenant les jour, mois et an que dessus.

(Signatures des Prud'hommes et du greffier.)

CHAPITRE I.

TARIF DES FRAIS EN MATIÈRE CIVILE DEVANT LES CONSEILS DE PRUD'HOMMES.

LIVRE PREMIER.

Taxe des greffiers des Conseils de Prud'hommes (A).

Article 1er. Il sera payé aux greffiers des Conseils de Prud'hommes, pour la lettre d'invitation de se rendre au bureau de conciliation, » f. 3o c.

2. Pour chaque rôle d'expédition qu'ils délivreront, et qui contiendra vingt lignes à la page et dix syllabes à la ligne, » 4o

3. Pour expédition d'un procès-verbal de non-conciliation, » 8o

---

(A) Article 59 du décret du 11 juin 1809.

4. Pour expédition d'un procès-verbal constatant le dépôt du modèle d'une marque. 3   »

5. Pour transport sur les lieux contentieux quand il sera ordonné, il sera alloué au greffier les deux tiers de la taxe d'un membre dudit conseil (B).   » »

6. Il n'est rien alloué pour la mention sur le registre du greffe, et sur l'original ou la copie de la citation en conciliation, quand l'une des parties ne comparaît pas.   » »

7. Pour la transmission au président du tribunal de commerce de la récusation et de la réponse du membre des Prud'hommes, tous frais de port compris (C),   5 »

8. Il sera taxé au greffier des Prud'hommes, qui aura assisté aux opérations des experts, et qui aura écrit la minute de leur rapport, dans le cas où tous, ou l'un

---

(B) Tarif des frais et dépenses du 16 février 1807, art. 12.
(C) Même tarif, art. 14.

d'eux, ne sauraient le faire, les deux tiers des vacations allouées à un expert (D).   »   »

9. Il est alloué au greffier des Prud'-hommes les deux tiers des frais de transport, dans les mêmes cas où ils sont alloués à un des membres desdits Prud'hommes (E).   »   »

LIVRE DEUXIÈME.

Taxe des huissiers attachés aux Conseils des Prud'hommes.

10. La taxe des frais alloués aux huissiers faisant le service près les Conseils des Prud'hommes, est la même que celle indiquée en l'article 21, chapitre 3 du décret du 16 février 1807, en faveur des huissiers des juges de paix.

11. Il en sera de même pour la taxe à allouer aux témoins, experts et gardien ; on se conformera, pour cette taxe, à celle mentionnée au chapitre 4 du même décret.

(D) Id. art. 15.
(E) Id. art. 16.

CHAPITRE II.

TARIF DES FRAIS EN MATIÈRES CRIMINELLES ET DE POLICE DE-
VANT LES CONSEILS DES PRUD'HOMMES (G).

LIVRE TROISIÈME.

Des indemnités de transport dues aux membres des Conseils des
Prud'hommes, remplissant les fonctions d'officiers de police
auxiliaires du procureur du roi.

12. Dans les cas prévus en ce Code et par les articles 49, 50, 51, 52, 59, 60, 62, 83, 84, 87, 88, 90,
464, 488, 497, 511 et 616 du Code d'instruction
criminelle, les membres des Prud'hommes, leurs
greffiers et huissiers, recevront les indemnités accor-

(G) Voyez les articles 10, 11, 12, et 13, titre 2, section 2 de
la loi du 18 mars 1806, 28, titre 4, du décret du 11 juin 1809,
4 du décret du 3 août 1810, titre 2, 19, titre 5 de la loi du 22
germinal, an XI.

lées par l'article 88 du tarif des frais en matière criminelle du 18 juin 1811.

EMBAUCHAGE D'OUVRIERS.

—

Consultation (H).

Le conseil soussigné, qui a pris connaissance d'une sentence du Conseil des Prud'hommes de Bapaume, en date du 4 avril 1833 et d'un jugement du tribunal de commerce d'Arras, en date du 30 septembre suivant,

Consulté sur la question de savoir s'il y a lieu de se pourvoir en cassation contre ledit jugement,

Est d'avis de l'affirmative par les raisons qui vont être déduites.

Le procès ne présente poür la cour de cassation qu'une question de compétence, celle-ci :

« Le non-commerçant, qui emploie, au préjudice d'un fabricant, manufacturier, contre-maître, etc.,

---

(H) Voyez la note au bas de la page 23, reprise sous la lettre (z).

etc., un ouvrier sans livret réglé, portant certificat d'acquit de ses engagemens, est-il, à raison de cette espèce d'embauchage, justiciable du Conseil des Prud'hommes, comme l'ouvrier lui-même? »

Les Prud'hommes de Bapaume avaient décidé par l'affirmative, au profit de M. Defer, demandeur contre M. Duquesnoy; on pense qu'ils ont eu raison, mais sans adopter entièrement leurs motifs.

Ils visent d'abord les articles 11 et 12 de la loi du 22 germinal, an XI, qui déclarent que *nul* ne pourra recevoir un ouvrier sans congé d'acquit, sous peine des dommages-intérêts de son maître. Ces deux articles ne résolvent aucunement la question de compétence et d'attribution dont il s'agissait avant tout.

Ce sont des dispositions pénales portant sur *tout individu fabricant ou non*, qui reçoit des ouvriers sans congé d'acquit.

Mais quel juge fera l'application de cette pénalité?

Le non-commerçant y est soumis aussi bien que les fabricans, contre-maîtres, etc.; mais faudra-t-il le citer devant les Prud'hommes, ou devant le tribunal civil, son juge naturel?

Là est la question de compétence, et elle subsiste évidemment malgré la loi précipitée de germinal, an XI.

Pour la résoudre, il faut recourir aux lois et décrets postérieurs sur l'institution des Prud'hommes, combinés avec les principes généraux en matière de juridiction et de compétence.

Par la loi du 18 mars 1806, art. 6, les Conseils de Prud'hommes sont institués pour connaître des différends qui s'élèvent, soit entre des fabricans et des ouvriers, soit *entre des chefs d'ateliers et de compagnons ou apprentis.*

Par le décret du 20 février 1810, portant rédaction nouvelle de celui du 11 juin 1809, art. 10, nul n'est justiciable du Conseil des Prud'hommes, *s'il n'est marchand-fabricant, chef d'atelier, contre-maître, teinturier, ouvrier compagnon ou apprenti. Ces personnes même retombent sous la juridiction ordinaire, dès que les contestations porteront sur des affaires autres que celles relatives à la branche d'industrie qu'elles cultivent et aux contraventions dont cette industrie aura été l'objet.*

Enfin, par le décret du 3 août 1810, art. 1er, les

Conseils de Prud'hommes sont autorisés à juger toutes les contestations qui naîtront entre les *marchands-fabricans, chefs d'atelier, contre-maîtres, ouvriers compagnons et apprentis*, quelque soit la quotité de la somme dont elles seraient l'objet.

Toutes ces dispositions concordantes établissent un point incontestable : c'est que la juridiction des Prud'hommes est limitée aux rapports *des chefs avec leurs subordonnés dans la fabrique*, et, comme cette juridiction est exceptionnelle, nul doute qu'en principe elle ne puisse s'étendre à d'autres objets, à d'autres personnes, notamment à des non-commerçans, à des propriétaires ou fermiers.

Cela posé, l'ouvrier Coupez était incontestablement justiciable des Prud'hommes de Bapaume, pour ce fait qui se rattache essentiellement aux rapports du chef et du subordonné, d'avoir quitté son maître sans congé d'acquit.

Il a pu et dû être cité devant ce tribunal pour être condamné à rentrer dans l'atelier, et à payer par son travail le montant des avances à lui faites.

Mais l'embaucheur, le sieur Duquesnoy, qui n'est

pas *marchand-fabricant ni ouvrier*, et qui n'a d'autre qualité que celle de *propriétaire*, a-t-il pu être également cité devant les Prud'hommes pour être condamné à des dommages-intérêts?

Non, faudrait-il dire, d'après les lois et décrets ci-dessus; mais cette question ne peut pas être résolue, abstraction ainsi faite des principes généraux en matière de compétence.

Or, ces principes sont : *Que l'accessoire suit le principal; que le compétent attire l'incompétent; que la connexité* d'une demande, placée naturellement hors des attributions du juge avec une autre demande dont il est régulièrement saisi, *lui confère juridiction sur le tout;* ces règles sont journellement appliquées par la cour de cassation.

Ainsi, lorsque les Prud'hommes de Bapaume étaient régulièrement saisis à l'égard de l'ouvrier Coupez, ils ont pu, sans excès de pouvoir, prononcer même à l'égard de l'embaucheur : car son fait d'embauchage est indivisible du fait de l'ouvrier; l'un et l'autre sont les co-auteurs du quasi-délit qui engendre action et contre l'ouvrier fugitif et contre l'embaucheur.

La réparation du dommage éprouvé peut donc être poursuivie à l'égard de ce dernier indivisiblement aussi, c'est-à-dire devant les mêmes juges.

Sa condamnation n'est qu'accessoire à celle de l'ouvrier; elle en dépend même inévitablement et lui est subordonnée; car il n'y a pas de condamnation possible contre l'embaucheur, si l'ouvrier n'est pas condamné, par antécédent, comme n'ayant pas de congé d'acquit.

Il y a donc là connexité attributive de juridiction et application topique du principe que le compétent attire l'incompétent.

Ce fut la pensée des Prud'hommes, quoique mal et insuffisamment exprimée.

Leur sentence déclare, en effet, qu'après tout, Duquesnoy etait cité devant eux *comme garant* de l'ouvrier fugitif. Cette pensée contenait en germe ce qui vient d'être développé, bien que, du reste, il ne fût pas complétement exact de dire qu'il y eût là une demande en garantie.

Mais les Prud'hommes ont parfaitement senti que le maître, à qui la loi donne *un droit de suite* sur son

onvrier non congédié, droit susceptible d'être poursuivi devant eux, enchaînait nécessairement l'embaucheur à la même juridiction.

Le tribunal de commerce a voulu résoudre la question en s'isolant de ces règles, qui sont loi autant que
la loi même, et en s'appuyant exclusivement sur les
décrets d'organisation des Conseils de Prud'hommes;
c'est en cela, qu'il a fait erreur et commis des viola-
tions de loi suffisantes pour se faire annuller son jugement.

Délibéré à Paris par le jurisconsulte soussigné, le
28 novembre 1833; est signé :

AD. GATINE,

Avocat aux conseils du roi et à la cour de cassation.

SUR LA MÊME QUESTION.

—

Certificat de M. le président du Conseil des Prud'hommes de la
ville de Rouen.

Nous, président du Conseil de Prud'hommes de la
ville de Rouen,

Sur la demande à nous faite par le sieur Quenel Louis, fabricant de tissus de coton dans la même ville, relative à la jurisprudence suivie par le conseil,

Certifions que, depuis son installation, les articles 11 et 12 de la loi du 12 avril 1803 (22 germinal, an XI) ont toujours été interprétés dans le sens le plus général; que le mot *nul* a été étendu sans exception à tous ceux qui occupent des ouvriers, parce que, dans cette loi ni dans aucune autre subséquente, il n'y a de disposition qui puisse altérer le sens de ce mot, et, qu'où le législateur n'a pas distingué, le juge ne peut lui-même établir de distinction; qu'en effet, le cultivateur comme le manufacturier emploient également des ouvriers; qu'il y a autant d'industrie proprement dite dans l'un que dans l'autre état, et surtout dans le siècle où nous vivons;

Qu'exempter les cultivateurs de l'exécution d'une mesure générale, c'est créer pour eux une prérogative qui ne peut leur appartenir; et qu'en conséquence, le conseil a constamment jugé dans le sens sus-expliqué;

Qu'en outre, d'après l'avis de plusieurs jurisconsultes éclairés, quelque soit l'état d'une personne ayant indûment employé un ouvrier, elle se trouve justiciable du tribunal où est traduit ce même ouvrier pour contravention à la loi ; et ce, à raison de la connexité que le législateur a prévue, et, en raison de laquelle, le juge, premier saisi, l'est valablement ;

C'est encore dans ce sens que le conseil décide les questions de ce genre ;

En foi de quoi, nous avons délivré le présent pour valoir ce que de droit.

Rouen, le 19 novembre 1832.

Est signé : QUILLON.

Modèle d'un réglement de police pour les fabriques et manufactures.

Nous, préfet du département du...;

Vu la loi du 12 avril 1803 (22 germinal, an XI), relative aux manufactures, fabriques et ateliers ; celle du 18 mars 1806, concernant l'institution des Conseils des Prud'hommes, et le décret du 11 juin 1809 contenant réglement sur ces conseils ;

Vu les arrêtés du gouvernement du 1er décembre 1803 (9 frimaire, an XII) et du 1er mars 1804 (9 ventose) concernant les livrets dont les ouvriers, travaillant en qualité de compagnons ou de garçons, doivent être généralement pourvus ;

Vu la délibération du... dernier, par laquelle le Conseil des Prud'hommes de la ville de... nous signale des abus résultant de l'inexécution des lois, décrets et arrêtés ci-dessus cités ;

Vu la lettre de la chambre consultative des arts et manufactures de..., en date du..., annonçant que les dispositions d'un réglement qui a été pris à ce sujet dans le département de..., sont susceptibles d'adoption ;

Considérant qu'il est du devoir de l'administration publique de s'attacher à remédier aux abus qui nous ont été signalés par suite du relâchement qui s'est généralement introduit dans l'exécution des dispositions des lois et arrêtés, concernant la police des ouvriers, principalement dans la tenue des livrets, la rédaction des bulletins, etc.

ARRÈTONS :

Article premier. Tous les ouvriers occupés dans le département du..., et qui, aux termes de l'arrêté du gouvernement du 1er décembre 1803 (9 frimaire, an XII), doivent être pourvus de livrets, seront tenus de les faire renouveler dans le courant du mois de... prochain. Les nouveaux livrets seront conformes au modèle annexé à la suite du présent arrêté, n. 1.

Art. 2. En conséquence, les ouvriers se présenteront dans le courant dudit mois de..., au secrétariat de la mairie de la commune où ils résident, avec un livret en blanc qui sera, par le maire ou l'employé à ce commis, rempli gratuitement de leurs nom, prénom, âge, lieu de naissance, etc., etc., etc.; en échange duquel ils remettront l'ancien ou les anciens livrets dont ils seraient porteurs, et qui seront annulés sur-le-champ.

Cet échange aura lieu, du reste, conformément aux dispositions de l'article 12 de l'arrêté du gouvernement du 1er décembre 1803.

Tout ouvrier pourra demander que l'ancienneté de

son travail dans une même fabrique, constatée par l'ancien livret, soit mentionnée sur le nouveau.

Art. 3. Les noms de chacun des ouvriers auxquels il aura été délivré un nouveau livret, seront inscrits sous une seule série de numéros sur un registre dont la forme est déterminée par le modèle ci-après, n. 2. L'ouverture et la tenue de ce registre sont particulièrement recommandés aux soins de MM. les maires.

Art. 4. A compter du.... prochain, nul fabricant, manufacturier ou autres, ne pourra recevoir dans ses ateliers, ou occuper, pour son compte, un ouvrier qui ne serait point pourvu d'un nouveau livret sans encourir, le cas échéant, l'application de l'article 12 du titre 3 de la loi du 12 avril 1803 (22 germinal, an XI).

Art. 5. MM. les maires sont spécialement chargés de veiller à ce que les ouvriers ne puissent être porteurs de deux ou plusieurs livrets, qui leur facilitent les moyens d'abuser le maître qui les emploie sur leur situation.

En conséquence, ces fonctionnaires, dans le cas où un ouvrier allèguerait la perte de son livret, exige-

ront nécessairement, avant de lui en délivrer un autre, la preuve qu'il est libre de toute espèce d'engagement, ou qu'il se trouve dans le cas prévu par l'article 8 de l'arrêté du gouvernement sus-mentionné.

Cette preuve pourra résulter, soit de la déclaration
écrite du dernier maître chez lequel l'ouvrier aura
travaillé, soit de la déclaration de deux citoyens connus et domiciliés, sauf l'application de l'article ci-
après, le cas échéant.

Art. 6. Tout ouvrier qui, après s'être fait délivrer
frauduleusemeut un double livret, serait surpris à en
faire usage pour dissimuler au maître auquel il de-
manderait de l'ouvrage ses engagemens antérieurs,
serait dénoncé à M. le procureur du roi.

Il en sera de même à l'égard de tout ouvrier qui
aurait, pour tromper un maître, soit employé le livret d'un autre ouvrier qu'il se serait approprié, soit
falsifié ou altéré celui dont il est porteur. Les uns et
les autres encourront l'application des articles 161 ou
405 du Code pénal, selon le cas.

Art. 7. Les congés que les maîtres doivent inscrire
sur le livret de leurs ouvriers, aux termes de l'article

4 de l'arrêté du gouvernement, quand ceux-ci quittent leurs ateliers, seront libellés comme il suit :

Si l'ouvrier est quitte envers son maître :

« Congé donné à..., lequel a rempli complète-
» ment ses engagemens. »

Si l'ouvrier est débiteur du maître :

« Congé donné à..., à condition que la personne
» qui l'emploiera lui retiendra le cinquième de son
» salaire jusqu'à concurrence de la somme de....,
» qu'il me doit. »

Les congés seront datés, inscrits successivement et sans lacune sur le livret, et signé par le maître ou son représentant, avec indication de son domicile.

Il ne sera jamais articulé, dans la formule du congé, aucune plainte ni inculpation, sauf aux maîtres qui auront quelque sujet de reproche contre un ouvrier, de le traduire devant les tribunaux compétens.

Art. 8. Toutes conventions écrites entre les maîtres et les ouvriers ou apprentis, seront éxécutées selon leur forme et teneur, sauf en cas de contestation, le renvoi aux tribunaux compétens, et sous la réserve stipulée en l'article 15 de la loi du 12 avril 1803 (22 germinal, an XI).

Art. 9. **A** défaut de convention écrite, il y sera suppléé, en exécution de l'article 14 de la même loi, conformément aux règles ci-après déterminées, fondées sur l'usage généralement adopté dans les ateliers, fabriques et manufactures du département.

1° Tout ouvrier, travaillant à la semaine, à la quinzaine ou au mois, sera réputé avoir fini son tems et deviendra libre de tout engagement, lorsqu'après avoir averti son maître ou le représentant d'icelui, le jour même de la paie, de l'intention de quitter l'atelier, il aura encore travaillé une semaine, une quinzaine ou un mois ;

2° Tout ouvrier tisserand ou autre, travaillant, soit à la pièce, soit à la douzaine, soit au cent, ou qui reçoit habituellement un nombre déterminé de kilogrammes de matières à préparer, sera réputé avoir fini son tems, et deviendra quitte de tout engagement lorsqu'il aura confectionné la chaîne, le nombre de pièces ou de kilogrammes de matières qu'il a prises en congé, et qu'il a fait inscrire avec cette annotation sur le bulletin mentionné en l'article 12.

Art. 10. Nonobstant les précédentes dispositions, tout ouvrier est obligé de continuer l'ouvrage qu'il aura commencé, si son maître l'exige; comme aussi de s'acquitter entièrement envers lui par son travail, en cas d'avances, sauf le cas prévu par l'article 16.

Le cas de coalition s'établissant, ils se trouvent placés sous l'empire des articles 414, 415 et 416 du Code pénal.

Art. 11. Tout ouvrier travaillant isolément pour un maître a droit d'exiger, en même temps que les matières qui lui sont confiées, un bulletin portant désignation circonstanciée desdites matières par poids, compte, aunage ou mesure, et désignant en outre les prix et conditions du travail.

Les contestations qui pourraient survenir rentrent dans les dispositions de l'article 1781 du Code civil.

Art. 12. Tout ouvrier qui abandonnerait, sans motif plausible, l'ouvrage commencé, ou qui entreprendrait de l'ouvrage pour un nouveau maître sans congé d'acquit de celui qui l'occupe; tout ouvrier qui disposerait en totalité ou partie, sans autorisation expresse, des matières qui lui ont été confiées, sera passible de dommages-intérêts envers le maître dont il a compromis les intérêts, sans préjudice de l'application de l'article 408 du Code pénal, le cas échéant.

Art. 13. Les maîtres qui occupent des ouvriers ne pourront les renvoyer à moins d'infidélités ou de fautes graves de la part de ces derniers, sans les prévenir de ce renvoi, savoir :

1° Quant aux ouvriers qui travaillent à la semaine, à la quinzaine ou au mois, huit jours, quinze jours ou un mois d'avance ;

2° Quant aux ouvriers qui travaillent à la pièce, à la douzaine, au cent, en leur remettant pour la dernière fois la tâche qui leur est habituellement confiée.

Ces avertissemens, qui doivent toujours précéder le congé d'acquit, seront inscrits par les maîtres, sans observation, sur le bulletin mentionné en l'article 12.

Art. 14. Au moment de la remise des matières à ses ouvriers, le maître inscrira le relevé de ce bulletin sur un registre particulier, jour par jour, et par ordre de numéros, sans blancs ni lacunes.

Art. 15. Le maître qui a occupé un ouvrier ne lui

devra de tems de congé, ainsi qu'il est dit en l'article 9; que s'il continue de l'occuper après le premier paiement, le travail dudit ouvrier etant jusque-là considéré comme essai ou tems d'épreuve.

La réciprocité aura lieu en faveur de l'ouvrier.

Art. 16. L'ouvrage commencé sera toujours terminé au prix convenu d'avance entre les parties; ni le maître ni l'ouvrier ne pourront prétendre, pendant le cours du travail, à aucune diminution ou augmentation du prix de la main-d'œuvre; le salaire dû pour le tems du congé sera le même que celui qui a été payé immédiatement avant la mise en congé, sauf convention ou usages contraires.

Toutefois, il n'y aura lieu à l'application de ce principe, en cas de retard, dans la confection de l'ouvrage, mal-façons ou défectuosités dans les matières, qui, après avoir été dûment constatées, donneront lieu à des réclamations fondées du maître contre l'ouvrier, ou de l'ouvrier contre le maître.

Art. 17. Tout fabricant ou manufacturier qui, pour le maintien du bon ordre, voudrait soumettre ses ouvriers à des règles particulières indépendantes des dispositions du présent arrêté, sera tenu d'afficher. son réglement, d'une manière apparente, dans l'intérieur de sa fabrique.

L'inobservation de ces règles ne peut entraîner à d'autres conséquences que celles prévues par les usagès, les actes d'administration publique et les lois.

Fait en l'hôtel de la préfecture.

A..., le... 183 .

(Signature du préfet.)

RECUEIL CHRONOLOGIQUE

DES LOIS, DÉCRETS ET ORDONNANCES APPLICABLES AUX CONSEILS DES PRUD'HOMMES.

Loi sur les découvertes utiles et les moyens d'assurer la propriété à ceux qui seront reconnus en être les auteurs (7 janvier 1791).

L'assemblée nationale, etc., etc.;

Considérant que toute idée nouvelle, dont la manifestation ou le développement peut devenir utile à la société, appartient primitivement à celui qui l'a conçue, et que ce serait attaquer les droits de l'homme dans leur essence, que de ne pas regarder une découverte industrielle comme la propriété de son auteur; considérant en même temps combien le défaut d'une déclaration positive et authentique de cette vérité peut avoir contribué jusqu'à présent à décourager l'industrie française en occasionnant l'émigration de plusieurs artistes distingués, et en faisant passer à l'étranger un grand nombre d'inventions nouvelles, dont cet empire aurait dû tirer les premiers avantages;

Considérant enfin que tous les principes de justice, d'ordre public et d'intérêt national, lui commandent impérieusement de fixer désormais l'opinion des citoyens français sur ce genre de propriété, par une loi qui la consacre et qui la protége, décrète ce qui suit :

Art. 1er. Toute découverte ou nouvelle invention dans tous les genres d'industrie est la propriété de son auteur; en conséquence, la loi en garantit la pleine et entière jouissance, suivant le mode et pour le temps qui seront ci-après déterminés.

Art. 2. Tout moyen d'ajouter à quelque fabrication que ce puisse être, un nouveau genre de perfection, sera regardé comme une invention.

Art. 3. Quiconque apportera, le premier, en France, une découverte étrangère, jouira des mêmes avantages que l'inventeur.

Art. 4. Celui qui voudra conserver ou s'assurer une propriété industrielle du genre de celles énoncées aux précédens articles, sera tenu :

1o De s'adresser au secrétariat du directoire de son département, et d'y déclarer par écrit si l'objet qu'il présente est d'invention, de perfection, ou seulement d'importation ;

2o De déposer sous cachet une description exacte des principes, moyens et procédés qui constituent la découverte, ainsi que les places, coupes, dessins et modèles qui pourraient y être relatifs ; pour ledit paquet être ouvert au moment où l'inventeur recevra son titre de propriété.

Art. 5. Quant aux objets d'une utilité générale, mais d'une exécution trop simple et d'une imitation trop facile pour établir aucune spéculation commerciale ; et, dans tous les cas, lorsque l'inventeur aimera mieux traiter directement avec le gouvernement, il lui sera libre de s'adresser, soit aux assemblées administratives, soit au corps législatif, s'il y a droit, pour confier sa découverte, en démontrer les avantages, et solliciter une récompense.

Art. 6. Lorsque l'inventeur aura préféré, aux avantages personnels assurés par la loi, l'honneur de faire jouir sur-le-champ la nation des fruits de sa découverte ou invention, et lorsqu'il prouvera, par la notoriété publique et par des attestations légales, que cette découverte ou invention est d'une véritable utilité, il pourra lui être accordé une récompense sur les fonds destinés sur les encouragemens de l'industrie.

Art. 7. Afin d'assurer à tout inventeur la propriété et la jouissance temporaire de son invention, il lui sera délivré un *titre* ou *patente*, selon la forme indiquée dans le réglement qui sera dressé pour l'exécution du présent décret.

Art. 8. Les patentes seront données pour cinq, dix ou quinze années, au choix de l'inventeur ; mais ce dernier terme ne pourra jamais être prolongé sans un décret particulier du corps législatif.

Art. 9. L'exercice des patentes accordées pour une découverte importée d'un pays étranger, ne pourra s'étendre au-delà du terme fixé dans ce pays à l'exercice du premier inventeur.

Art. 10. L'inventeur sera tenu, pour obtenir lesdites patentes, de s'adresser au directoire de son département qui en requerra l'expédition. La patente envoyée à ce directoire y sera enregistrée, et il en sera en même tems donné avis par le ministre de l'intérieur aux directoires des autres départemens.

Art. 11. Il sera libre à tout citoyen d'aller consulter, au secrétariat de son département, le catalogue des inventions nouvelles; il sera libre de même à tout citoyen domicilié de consulter, au dépôt général établi à cet effet, les spécifications des différentes patentes actuellement en exercice; cependant les descriptions ne seront point communiquées, dans le cas où l'inventeur, ayant jugé que des raisons politiques ou commerciales exigent le secret de sa découverte, se serait présenté au corps législatif pour lui exposer ses motifs, et en aurait obtenu un décret particulier sur cet objet.

Dans le cas où il sera déclaré qu'une description

7.

demeurera secrète, il sera nommé des commissaires pour veiller à l'exactitude de la description, d'après la vue des moyens et procédés, sans que l'auteur cesse pour cela d'être responsable, par la suite, de cette exactitude.

Art. 12. Le propriétaire d'une patente jouira privativement de l'exercice et des fruits des découvertes, inventions ou perfections pour lesquelles ladite patente aura été obtenue; en conséquence, il pourra traduire les contre-facteurs devant les tribunaux. Lorsque les contre-facteurs seront convaincus, ils seront condamnés à payer à l'inventeur des dommages et intérêts proportionnés à l'importance de la contre-façon, et en outre à verser dans la caisse des pauvres du district une amende fixée au quart du montant desdits dommages et intérêts, sans toutefois que ladite amende puisse excéder la somme de trois mille francs; au double, en cas de récidive.

Art. 13. Dans le cas où la dénonciation pour contre-façon se trouverait dénuée de preuves, l'inventeur sera condamné envers sa partie adverse à des dommages et intérêts proportionnés au trouble et au préjudice qu'elle aura pu en éprouver, et en outre à verser dans la caisse des pauvres du district une amende fixée au quart du montant desdits dommages et intérêts, sans toutefois que ladite amende puisse excéder la somme de trois mille francs, et au double en cas de récidive.

Art. 14. Tout propriétaire de patente aura droit de former des établissemens dans toute l'étendue de l'empire, et même d'autoriser d'autres particuliers à faire l'application et usage de ses moyens et procédés; et, dans tous les cas, il pourra disposer de sa patente comme d'une propriété mobilière.

Art. 15. A l'expiration de chaque patente, la découverte ou invention devant appartenir à la société, la description en sera rendue publique, et l'usage en deviendra permis dans tout l'empire, afin que tout citoyen puisse librement en jouir, à moins qu'un décret du corps législatif n'ait prorogé l'exercice de la patente, ou n'en ait ordonné le secret dans les cas prévus par l'article 11.

Art. 16. La description de la découverte énoncée dans une patente sera de même rendue publique, et l'usage des moyens et procédés relatifs à cette découverte sera aussi déclaré libre dans tout l'empire, lorsque le propriétaire de la patente en sera déchu, ce qui n'aura lieu que dans les cas ci-après déterminés :

1o Tout inventeur convaincu d'avoir, en donnant sa description, recélé les véritables moyens d'exécution, sera déchu de sa patente;

2o Tout inventeur, convaincu de s'être servi, dans ses fabrications, de moyens secrets qui n'auraient point été détaillés dans sa description, ou dont il n'aurait pas donné sa déclaration pour les faire ajouter à ceux énoncés dans sa description, sera déchu de sa patente ;

3o Tout inventeur, ou se disant tel, qui sera convaincu d'avoir obtenu une patente pour des découvertes déjà consignées et décrites dans des ouvrages imprimés et publiés, sera déchu de sa patente;

4o Tout inventeur qui, dans l'espace de deux ans, à compter de la date de sa patente, n'aura point mis sa découverte en activité, et qui n'aura point justifié les raisons de son inaction, sera déchu de sa patente;

5o Tout inventeur qui, après avoir obtenu une patente en France, sera convaincu d'en avoir pris une pour le même objet en pays étranger, sera déchu de sa patente ;

6° Enfin, tout acquéreur de droit d'exercer une découverte énoncée dans une patente, sera soumis aux mêmes obligations que l'inventeur ; et, s'il y contrevient, la patente sera révoquée, la découverte publiée, et l'usage en deviendra libre dans tout le royaume.

Art. 17. N'entend l'assemblée nationale porter aucune atteinte aux priviléges exclusifs ci-devant accordés pour inventions et découvertes, lorsque toutes les formes légales auront été observées pour ces priviléges, lesquels auront leur plein et entier effet, et seront, au surplus, les possesseurs de ces anciens priviléges assujétis aux dispositions du présent décret.

Pourront les propriétaires desdits anciens priviléges enregistrés, de ceux convertis en patentes, en disposer à leur gré, conformément à l'article 14.

Les autres priviléges fondés sur de simples arrêts du conseil, ou sur des lettres patentes non enregistrées, seront convertis, sans frais, en *patentes*, mais seulement pour le tems qui leur reste à courir, en justifiant que lesdits priviléges ont été obtenus pour découvertes et inventions du genre de celles énoncées aux précédens articles.

Art. 18. Le comité d'agriculture et de commerce, réuni au comité des impositions, présentera à l'assemblée nationale un projet de réglement qui fixera les taxes des patentes d'inventeurs, suivant la durée de leur exercice, et qui embrassera tous les détails relatifs à l'exécution des divers articles contenus au présent décret.

Loi portant réglement sur la propriété des auteurs d'invention et découverte de tout genre d'industrie (29, 31 mars, 7 avril et 25 mai 1791).

TITRE Ier.

Article 1er. En conformité des trois premiers articles de la loi du 7 janvier 1791 , relative aux nouvelles découvertes et inventions en tout genre d'industrie , il sera délivré sur une simple requête au roi, et sans examen préalable des patentes nationales, sous la dénomination de *brévets d'invention* , à toutes personnes qui voudront exécuter ou faire exécuter dans le royaume des objets d'industrie alors inconnus.

Art. 2. Il sera établi, conformément à l'article 11

de la loi, sous la surveillance et l'autorité du ministre de l'intérieur chargé de délivrer lesdits brévets, un dépôt général sous le nom de *directoire des brévets d'invention*, où ces brévets seront expédiés ensuite des formalités préalables, et selon le mode ci-après déterminé.

Art. 3. Le directoire des brévets d'invention expédira lesdits brévets sur les demandes qui lui parviendront des secrétariats des départemens. Ces demandes contiendront le nom du demandeur, sa proposition et sa requête au roi; il y sera joint un paquet renfermant la description exacte de tous les moyens qu'on se propose d'employer; et, à ce paquet, seront ajoutés les dessins, modèles et autres pièces jugées nécessaires pour l'explication de l'énoncé de la demande, le tout avec la signature et sous le cachet du demandeur. Au dos de l'enveloppe de ce paquet, sera inscrit un procès-verbal signé par le secrétaire du département et par le demandeur, auquel il sera délivré un double dudit procès-verbal, afin de constater l'objet de la demande, la remise des pièces, la date du dépôt, l'acquit de la taxe ou la soumission de la payer, suivant le prix, et dans les délais qui seront fixés au présent réglement,

Art. 4. Les directoires des départemens, non plus que le directoire des brévets d'invention, ne recevront aucune demande qui contienne plus d'un objet principal avec les objets de détail qui pourront y être relatifs.

Art. 5. Les directoires des départemens seront tenus d'adresser au directoire des brévets d'invention, les paquets des demandes revêtus des formes ci-dessus prescrites, dans la semaine même où la demande aura été présentée.

Art. 6. A l'arrivée de la dépêche du secrétariat du département au directoire des brévets d'invention, le procès-verbal inscrit au dos du paquet sera enregistré, le paquet sera ouvert, et le brévet sera sur-le-champ dressé. Ce brévet renfermera une copie exacte de la description, ainsi que des dessins et modèles annexés au procès-verbal ; ensuite de quoi ledit brévet sera scellé et envoyé au département sous le cachet du directoire des brévets d'invention ; il sera en même tems adressé à tous les tribunaux et départemens du royaume *une proclamation du roi* relative au brévet d'invention, et ces proclamations seront enregistrées par ordre de date, et affichées dans lesdits tribunaux et départemens.

Art. 7. Les descriptions des objets dont le corps législatif, dans les cas prévus par l'article 11 de la loi du 7 janvier, aura ordonné le secret, seront ouvertes et inscrites par numéros au directoire des inventions, dans un registre particulier, en présence de commissaires nommés à cet effet, conformément audit article de la loi; ensuite ces descriptions seront cachetées de nouveau, et procès-verbal en sera dressé par lesdits commissaires.

Le décret qui aura ordonné de les tenir secrètes, sera transcrit au dos du paquet; il en sera fait mention dans la proclamation du roi, et le paquet demeurera cacheté jusqu'à la fin de l'exercice du brévet, à moins qu'un décret du corps législatif n'en ordonne l'ouverture.

Art. 8. Les prolongations des brévets qui, dans des cas très rares et pour des raisons majeures, pourront être accordées par le corps législatif, seulement pendant la durée de la législature, seront enregistrées dans un registre particulier au directoire des inventions, qui sera tenu de donner connaissance de cet enregistrement aux différens departemens et tribunaux du royaume.

7*

Art. 9. Les arrêts du conseil, lettres-patentes, mémoires descriptifs, tous documens et pièces relatives à des priviléges d'invention ci-devant accordés pour des objets d'industrie, dans quelque dépôt public qu'ils se trouvent, seront réunis incessamment au directoire des brévets d'invention.

Art. 10. Les frais de l'établissement ne seront point à la charge du trésor public; ils seront pris uniquement sur le produit de la taxe des brévets d'invention et le surplus employé à l'avantage de l'industrie nationale.

TITRE II.

Article 1er. Celui qui voudra obtenir un brévet d'invention, sera tenu, conformément à l'article 4 de la loi du 7 janvier, de s'adresser au secrétariat du directoire de son département (aujourd'hui la préfecture) pour y remettre sa requête au roi avec la description de ses moyens, ainsi que les dessins et modèles y relatifs à l'objet de sa demande, conformément à l'article 3 du titre premier; il y joindra un état fait double, et signé par lui de toutes les pièces contenues dans le paquet; un de ces doubles devra être renvoyé au secrétariat du département par le directeur des brévets d'invention, qui se chargera de toutes les pièces par son récépissé au pied dudit état.

Art. 2. Le demandeur aura le droit, avant de signer le procès-verbal, de se faire donner communication du catalogue de tous les objets pour lesquels il aura été expédié des brévets, afin de juger s'il doit ou non persister dans sa demande.

Art. 3. Le demandeur sera tenu, conformément à l'article 3 du titre premier, d'acquitter au secrétariat du département la taxe du brévet, suivant le tarif annexé au présent réglement ; mais il lui sera libre de ne payer que la majorité de cette taxe en présentant sa requête, et de déposer sa soumission d'acquitter le reste de la somme dans le délai de six mois,

Art. 4. Si la soumission du brévet n'est point remplie au terme prescrit, le brévet qui lui aura été délivré sera de nul effet ; l'exercice de son droit deviendra libre, et il en sera donné avis à tous les départemens par le directoire des brévets d'invention.

Art. 5. Toute personne pourvue d'un brévet d'invention, sera tenue d'acquitter, en sus de la taxe dudit brévet, la taxe des patentes annuelles imposées à toutes les professions d'arts et métiers par la loi du 17 mars 1791.

Art. 6. Tout propriétaire de brévet qui voudra faire des changemens à l'objet énoncé dans sa première demande, sera obligé d'en faire sa déclaration, et de remettre la description de ses nouveaux moyens au secrétariat du département, dans la forme et de la manière prescrite par l'article premier du présent titre, et il sera observé à cet égard les mêmes formalités entre les directoires des départemens et celui des brévets d'invention.

Art. 7. Si ce bréveté ne veut jouir privativement de l'exercice de ses nouveaux moyens, que pendant la durée de son brévet, il lui sera expédié par le directoire des brévets d'invention un certificat dans lequel sa nouvelle déclaration sera mentionnée, ainsi que la remise du paquet contenant la description de ses nouveaux moyens.

Il lui sera libre aussi de prendre successivement de nouveaux brévets pour lesdits changemens, à mesure qu'il en voudra faire, ou de les faire réunir dans un seul brévet quand il les présentera collectivement.

Ces nouveaux brévets seront expédiés de la même manière et dans la même forme que les brévets d'invention, et ils auront les mêmes effets.

Art. 8. Si quelque personne annonce un moyen de perfection pour une invention déja brévetée, elle obtiendra sur sa demande un brévet pour l'exercice primitif dudit moyen de perfection, sans qu'il lui soit permis, sous aucun prétexte, d'exécuter ou de faire exécuter l'invention principale, et réciproquement sans que l'inventeur puisse faire exécuter par lui-même le nouveau moyen de perfection.

Ne seront point mis au rang des *perfections industrielles*, les changemens de formes ou de proportions, non plus que les ornemens, de quelque genre que ce puisse être.

Art. 9. Tout concessionnaire de brévet obtenu pour un objet que les tribunaux auront jugé contraire aux lois du royaume, à la sûreté publique ou aux réglemens de police, sera déchu de son droit, sans pouvoir prétendre d'indemnité, sauf au ministère public à prendre, suivant l'importance du cas, telles conclusions qu'il appartiendra.

Art. 10. Lorsque le propriétaire d'un brévet sera troublé dans l'exercice de son droit primitif, il se pourvoira, dans les formes prescrites pour les autres procédures civiles, devant le juge de paix (1), pour faire condamner le contre-facteur aux peines prononcées par la loi.

Art. 11. Le juge de paix entendra les parties et leurs témoins, ordonnera les vérifications qui pourront être nécessaires, et le jugement qu'il prononcera sera exécuté provisoirement nonobstant l'appel.

Art. 12. Dans le cas où une saisie juridique n'aurait pu faire découvrir aucun objet fabriqué ou débité en fraude, le dénonciateur supportera les peines énoncées dans l'article 13 de la loi (du 7 janvier), à moins qu'il ne légitime sa dénonciation par des preuves légales, auquel cas il sera exempt desdites peines, sans pouvoir néanmoins prétendre aucuns dommages et intérêts.

Art. 13. Il sera procédé de même, en cas de contestation entre deux brévetés pour le même objet : si

____

(1) Cette action se porte actuellement devant les Conseils de Prud'hommes, voyez page 22, n, 15 de ce Code (et la note reprise sous la lettre y),

la ressemblance est déclarée absolue, le brévet de date antérieure demeurera valide; s'il y a ressemblance en quelque partie, le brévet de date postérieure pourra être converti, sans payer de taxe, en brévet de perfection pour les moyens qui ne seraient pas énoncés dans le brévet de date antérieure.

Art. 14. Le propriétaire d'un brévet pourra contracter telle société qu'il lui plaira pour l'exercice de son droit, en se conformant aux usages du commerce; mais il lui sera interdit d'établir son entreprise par *actions*, à peine de déchéance de son brévet.

Art. 15. Lorsque le propriétaire d'un brévet aura cédé son droit en tout ou en partie (ce qu'il ne pourra faire qu'après un acte notarié), les deux parties contractantes seront tenues, à peine de nullité, de faire enregistrer ce transport au secrétariat de leurs déparmens respectifs, lesquels en informeront aussitôt le directoire des brévets d'invention, afin que celui-ci en instruise les autres départemens.

Art. 16. En exécution de l'article 17 de la loi du 7 janvier, tous les possesseurs de priviléges exclusifs maintenus par ledit article, seront tenus, dans le délai de six mois après la publication du présent réglement, de faire enregistrer au directoire d'invention les titres de leurs priviléges, et d'y déposer les descriptions des objets privilégiés, conformément à l'article premier du présent titre, le tout à peine de déchéance.

TITRE III.

Art. 1er. L'assemblée nationale renvoie au ministre de l'intérieur les mesures à prendre pour l'exécution du réglement sur la loi des brévets, et le charge de présenter incessamment à l'assemblée nationale les dispositions qu'il jugera nécessaires pour assurer cette partie du service public.

Décret impérial qui abroge une disposition de la loi du 25 mai 1791, sur la propriété des auteurs de découvertes (25 novembre 1806).

La disposition de l'article 14, titre 2, de la loi du 25 mai 1791, portant réglement sur la propriété des auteurs de découvertes en tout genre d'industrie, est abrogée en ce qui concerne la défense d'exploiter les brévets d'invention par *actions.*

Ceux qui voudront exploiter leurs titres de cette manière, seront tenus de se pourvoir de l'autorisation du gouvernement.

Décret impérial qui fixe l'époque à laquelle commencent à courir les années de jouissance d'un brévet d'invention (25 janvier 1807).

Article 1er. Les années de jouissance d'un brévet d'invention commencent à courir de la date du certificat de demande délivré par le ministre de l'intérieur,

Ce certificat établit en faveur du demandeur une jouissance provisoire qui devient définitive par l'expédition du décret qui doit suivre ce certificat.

Art. 2. La propriété d'invention, dans le cas de contestation entre deux brévetés pour le même objet, est acquise à celui qui, le premier, a fait au secrétariat de la préfecture du département de son domicile, le dépôt de pièces exigées par l'article 4 de la loi du 7 janvier 1791.

BRÉVET D'INVENTION.

—

Instruction ministérielle sur la législation relative aux brévets d'invention insérée au Recueil général des lois et arrêts, par J.-B. Sirey, tome 14, deuxième partie, page 113. — Motifs qui ont fait établir les brévets,

On a toujours reconnu qu'il était aussi juste qu'utile aux progrès des arts, d'assurer aux inventeurs la propriété de leurs découvertes; mais, pour le faire d'une manière avantageuse pour eux et pour le public, on n'était pas d'accord sur le parti le plus convenable à prendre.

Les uns voulaient qu'il leur fût accordé des priviléges exclusifs dont la durée ne serait point limitée; d'autres pensaient que ces priviléges ne devaient être que temporaires. Enfin, suivant une troisième opinion, il était préférable de leur décerner des récompenses, et de rendre à l'instant leurs découvertes d'un usage libre et commun. L'administration a eu souvent recours à ce moyen ; mais, comme il constituait l'Etat dans des dépenses assez considérables, et qu'il ne satisfaisait pas toujours les inventeurs, il a été nécessaire d'examiner de nouveau s'il y aurait possibilité de trouver un parti qui conciliât tous les intérêts. Le but qu'on se proposait a été atteint par les lois des 7 janvier et 25 mai 1791, qui ont établi les brévets. Les titres de cette nature assurent, d'une part, aux artistes la jouissance exclusive de leurs découvertes, et donnent, de l'autre, à leur expiration, une garantie fort importante, celle de la conservation de plusieurs inventions que, sans ce moyen, le public ne connaîtrait jamais, ou ne connaîtrait qu'imparfaitement, puisque les auteurs étant intéressés à cacher leurs opérations, ne les communiqueraient pas, et pourraient ainsi mourir avec leur secret.

Formalités à remplir par ceux qui demandent des brévets, et quotités des sommes qu'ils sont tenus de payer.

Les brévets délivrés par le gouvernement ne peuvent être assimilés aux priviléges exclusifs qu'on obtenait sous l'ancienne monarchie; ils ne sont qu'un acte donné à un particulier de la déclaration qu'il fait d'avoir inventé une machine ou un procédé de l'emploi desquels il résulte une nouvelle branche d'industrie.

Il s'en délivre de trois sortes :

1o D'invention; 2o de perfectionnement; 3o et d'importation.

Les brévets d'importation sont accordés à ceux qui procurent à l'industrie un procedé ou une machine seulement connus dans les pays étrangers. Les lois des 7 janvier et 25 mai n'ayant pas déterminé, d'une manière positive, la durée de ces brévets, un décret impérial du 13 août 1810 a statué qu'elle serait la même que celle des brévets d'invention. Des perfectionnemens dans les arts forment souvent une invention aussi importante que la découverte primitive. Il était donc convenable de permettre qu'on s'en assurât la jouissance privative en prenant un brévet. Mais si les lois donnent des facultés, elles ne considèrent point, d'un autre côté, comme des perfectionnemens, des ornemens ou des changemens, des formes ou des proportions; il faut qu'il y ait une addition à la découverte, article 8 du titre 2 de la loi du 25 mai 1791.

On ne peut cumuler plusieurs découvertes dans un seul et même brévet, et chacune d'elle doit être l'objet d'une demande particulière. Pour obtenir les titres de cette nature, l'accomplissement de différentes formalités est indispensable. Le pétitionnaire doit d'abord déposer au secrétariat général de la préfecture du département qu'il habite, un paquet cacheté et contenant :

1º Sa pétition aux ministres des manufactures et du commerce, à l'effet d'obtenir un brévet de cinq, dix ou quinze ans, à son choix;

2º Le mémoire descriptif et détaillé des moyens qu'il emploie;

3º Des dessins doubles, exacts et signés par lui, ou un modèle de l'objet de sa découverte;

4º Un état fait double et signé par lui des pièces renfermées dans le paquet. Il doit, en outre, payer une taxe plus ou moins considérable, suivant la durée du brévet qui ne peut excéder quinze ans;

300 fr. pour un brévet de cinq ans;

800 fr. pour un brévet de dix ans;

1,5oo fr. pour un brévet de quinze ans ;

Plus, cinquante francs pour frais d'expédition du brévet.

Les lois permettent quelquefois de prolonger la durée des brévets ; mais, pour obtenir cette faveur qui n'est accordée que très rarement, et pour des raisons d'un très grand intérêt, un décret impérial est nécessaire. Alors on paie une nouvelle somme, dont la quotité est indiquée par le tarif annexé à la loi du 25 mai. Le pétitionnaire est tenu de payer, à l'instant même du dépôt des pièces, la moitié de la taxe. Il lui est libre, en remettant sa soumission, de n'acquitter l'autre moitié que dans six mois. La loi du 25 mai a prévu le cas où cette soumission ne serait point remplie au terme prescrit. Alors, le bréveté encourt la déchéance qui ne devient définitive qu'après qu'elle a été prononcée par un acte de l'autorité publique. Si des pétitionnaires désirent apporter des changemens à l'objet énoncé dans leur première demande, ils ne peuvent le faire qu'après avoir déposé la description de leurs nouveaux moyens au secrétariat de la préfecture, et avoir payé une seconde taxe, qui est de vingt-quatre fr. pour la caisse des brévets, et de douze fr. pour le secrétariat de la pré-

fecture ; il leur est délivré par le ministre des manufactures et du commerce un second titre qu'on nomme
certificat d'additions, de changement et de perfectionnement.

L'article 10 du titre 1er de la loi du 25 mai règle
la destination à donner aux sommes que procurent
les différentes taxes dont il vient d'être question;
elles doivent servir à payer, en premier lieu, les frais
qu'entraînent l'expédition et la proclamation des
brévets, puis ceux d'impression et de gravure des
brévets dont la durée est expirée. S'il reste un excé-
dent, il est employé à l'avantage de l'industrie nationale. Le secrétaire générale de la préfecture dresse
procès-verbal au dos du paquet déposé entre ses
mains, et il délivre au pétitionnaire acte de ce dépôt;
le tout est ensuite adressé par le préfet au ministère
des manufactures et du commerce.

Principes établis par les lois, dans la délivrance des brévets.

On a vu plus haut que les brévets ne sont autre
chose que l'acte délivré à un particulier de la déclaration qu'il fait d'avoir inventé une machine ou un
procédé donnant lieu à une nouvelle branche d'in-

dustrie. L'administration ne juge point, en effet, le mérite des inventions pour lesquelles on les sollicite. Quiconque a rempli les formalités prescrites par les lois des 7 janvier et 25 mai 1791, peut les obtenir; ces lois statuant, d'une manière formelle, qu'elles seront accordées sur simple requête et sans examen préalable. Ainsi, on peut les demander pour le procédé le plus vulgairement connu, la législation étant coordonnée de manière qu'ils sont nuls et même préjudiciables à ceux qui les ont obtenus, si l'objet pour lequel ils ont été délivrés n'a aucune réalité, et s'il a été connu et pratiqué avant la date du brévet.

En effet, si la découverte est purement imaginaire, les frais qu'a occasionnés l'obtention sont perdus. Si le procédé était déjà connu, l'article 16 de la loi du 7 janvier prononce la déchéance. Les droits que confèrent les brévets ne sont donc que conditionnels; c'est-à-dire qu'ils n'assurent une jouissance exclusive, qu'autant qu'on est réellement inventeur. Au premier coup-d'œil, on peut être étonné qu'on délivre sans examen préalable les titres de cette nature; mais quelques réflexions font bientôt sentir qu'il était difficile d'adopter un parti plus sage. Plusieurs motifs ont dicté cette partie de la législation. D'une part, il convenait de sauver à l'administration l'embarras d'un examen long et difficile et la responsabilité d'un jugement qui, s'il eût été défavorable, aurait donné lieu à des accusations de partialité et de malveillance; et, de l'autre, d'épargner aux inventeurs la nécessité d'une communication dont ils pouvaient craindre l'abus. En effet, l'examen préalable aurait été tout au désavantage des artistes, puisqu'ils auraient communiqué, sans aucun gage de succès, des procédés dont il était possible de leur dérober la propriété; il aurait fallu soumettre ces procédés à des commissaires courant la même carrière qu'eux, et, dans l'intérêt particulier des préventions, la rivalité pouvait dicter les jugemens. Dans le cas le plus favorable, l'examen préalable aurait donc eu pour résultat d'écarter quelques projets absurdes, quelques inventions futiles; mais le public, si on les eût laissés paraître, en eût bientôt fait justice; et si l'invention avait été sans utilité, le pétitionnaire aurait perdu les frais occasionnés par l'obtention de son brevet; ce motif suffit pour diminuer dans l'esprit des artistes, ordinairement peu riches, les préventions qu'ils peuvent avoir pour leurs découvertes, et les détourner de former des demandes sans objets. On a dû encore prévoir le cas où un bréveté ferait de son titre un usage dangereux, ou contraire, à la salubrité publique. Les lois des 7 janvier et 25 mai ont pourvu alors aux moyens de le priver d'un droit dont il abuserait, et même de le punir, s'il y a lieu. Elles ont pareillement réglé la marche à suivre pour le dépouiller d'un droit qu'il aurait usurpé sur une chose déjà publique.

Déchéances des brévets et autorités qui les prononcent. — Mode de procéder, en cas d'usurpation d'une découverte.

La déchéance des brévets est prononcée, suivant les cas par l'autorité administrative et par l'autorité judiciaire. Le ministre des manufactures et du commerce la prononce, lorsque le bréveté n'a pas acquitté la taxe dans les délais prescrits, et lorsque l'inventeur, sans avoir justifié les causes de son retard, n'a pas mis sa découverte en activité dans l'espace de deux ans, article 16 de la loi du 7 janvier, les tribunaux jugent les contestations qui s'élèvent entre un bréveté qui veut faire valoir son privilége, et des particuliers qui prétendent que son invention était connue antérieurement à son titre, soit par l'usage, soit par la description dans un ouvrage imprimé. Alors, ce sont les parties intéressées qui font les diligences nécessaires pour obtenir un jugement. En ordonnant cette disposition, la loi a considéré lé brévet comme une propriété dont on ne peut être privé qu'après l'observation des formes établies. Les articles 12 et 13 de la loi du 7 janvier, 10, 11, 12, 13 du titre 2 de la loi du 25 mai, règlent la manière de procéder. D'après ces articles, les contre-facteurs doivent être traduits devant le juge de paix, qui, après avoir ordonné des vérifications et entendu les parties et leurs témoins, prononce son jugement, lequel, nonobstant appel, est exécuté provisoirement (1).

Dispositions établies depuis la promulgation des lois des 7 janvier et 25 mai 1791.

Les lois des 7 janvier et 25 mai ne sont pas les seules qui aient été rendues sur les brévets. Il en existe une autre, sous la date du 20 septembre 1792, qui defend d'accorder des titres de cette espèce pour des objets autres que ceux relatifs aux arts. Des demandes de brévets pour des opérations financières et commerciales ont donné lieu à cette défense.

Depuis, les consuls ont pris, le 5 vendémiaire de l'an IX, un arrêté qui concerne uniquement le mode

---

(1) Voyez l'article 15, page 22 de ce code et la note sur ledit article.

de délivrance des brévets. Antérieurement à cette époque, ils étaient accordés par l'autorité suprême dans la hiérarchie administrative. Ils le sont maintenant par le ministère des manufactures et du commerce. Le certificat de demande qu'il donne n'est qu'un titre provisoire ; mais il devient définitif par l'envoi au bréveté de l'article du décret impérial qui le concerne , lorsqu'on proclame les brévets délivrés dans le courant de chaque trimestre. Des difficultés s'étaient élevées sur la question de savoir si , avec le certificat de demande , on pouvait poursuivre les contre-facteurs d'une découverte , ou s'il fallait attendre qu'il eût reçu la publicité que lui procure la proclamation faite par sa majesté. Le décret du 25 janvier 1807 les a fait cesser en statuant que les années de jouissance d'un brévet commencent à courir de la date du certificat , lequel établit provisoirement cette jouissance.

Le même décret a décidé que la propriété d'invention dans les cas de contestations entre deux brévetés pour le même objet , est acquise à celui qui, le premier, a fait au secretariat de la préfecture du département , le dépôt des pièces qui doivent accompagner une demande de brévet.

Une disposition de l'article 14 du titre 2 de la loi du 25 mai, avait défendu d'exploiter les brévets par actions; elle a été abrogée par le décret du 25 novembre 1806, sur les représentations adressées par quelques particuliers, qu'elle préjudiciait aux intérêts des inventeurs, en ce qu'elle les privait d'un moyen avantageux et facile de tirer parti de leur découverte.

Il arrive quelquefois que des brévetés s'adressent au gouvernement, afin d'obtenir des récompenses, comme étant auteurs de découvertes importantes; il est impossible d'accueillir leur demande à cet égard.

L'article 11 de la loi du 12 septembre 1791, défend d'accorder des encouragemens particuliers à ceux qui se sont pourvus d'un brévet. Ce qui a fait établir cette disposition, c'est la considération qu'il n'est dû aucune récompense aux inventeurs qui se réservent la jouissance exclusive de leurs moyens, et que ceux-là seulement méritent des faveurs qui rendent leur découverte d'un usage libre et commun, et ajoute ainsi au bien-être de la société, que le gouvernement s'occupe sans cesse d'améliorer.

Loi relative aux manufactures, fabriques et ateliers du 24 germinal, an XI.

—

TITRE I.er

Art. 1.er Il pourra être établi dans les lieux où le gouvernement le jugera convenable, des chambres consultatives de manufactures, fabriques, arts et métiers.

Art. 2. Leur organisation sera faite par un réglement d'administration publique.

Art. 3. Leurs fonctions seront de faire connaître les besoins et les moyens d'amélioration des manufactures, fabriques, arts et métiers.

Art. 4. Il pourra être fait, sur l'avis des chambres consultatives dont il est parlé en l'article premier des réglemens d'administration publique, relatifs aux produits des manufactures françaises qui s'exporteront à l'étranger.

Ces réglemens seront présentés en forme de projet de loi au corps législatif, dans les trois ans, à compter du jour de leur promulgation.

Art. 5. La peine de contravention à ces réglemens sera d'une amende qui ne pourra excéder trois mille francs, et de confiscation de marchandises. Les deux peines pourront être prononcées cumulativement ou séparément, selon les circonstances.

TITRE II.

—

De la police des manufactures, fabriques et ateliers.

Art. 6. Toute coalition contre ceux qui font travailler des ouvriers, tendant à forcer injustement et abusivement des salaires, et suivie d'une tentative ou d'un commencement d'exécution, sera punie d'une amende de cent francs au moins, de trois mille francs au plus; et, s'il y a lieu, d'un emprisonnement qui ne pourra excéder un mois.

Art. 7. Toute coalition de la part des ouvriers pour cesser en même tems de travailler, interdire le travail dans certains ateliers, empêcher de s'y rendre, et d'y rester avant ou après de certaines heures, et, en général, pour suspendre, empêcher, enchérir les travaux, sera punie, s'il y a eu tentative ou commencement d'exécution, d'un emprisonnement qui ne pourra excéder trois mois (1).

Art. 8. Si les actes prévus dans l'article précédent ont été accompagnés de violences, voies de fait, attroupemens, les auteurs et complices seront punis des peines portées au code de police correctionnelle ou au code pénal, suivant la nature des délits.

TITRE III.

Des obligations entre les ouvriers et ceux qui les emploient.

Art. 9. Les contrats d'apprentissage consentis

---

(1) Voy. art. 26, n° 2 de ce code, et 413, 414, 415, 416 et suiv. du code pénal du 28 avril 1832.

entre majeurs, ou par des mineurs, avec le concours de ceux sous l'autorité desquels ils sont placés, ne pourront être résolus, sauf l'indemnité en faveur de l'une ou de l'autre des parties, que dans les cas suivans :

1° D'inexécution des engagemens de part et d'autre;

2° De mauvais traitemens de la part du maître;

3° D'inconduite de la part de l'apprenti;

4° Si l'apprenti s'est obligé à donner, pour tenir lieu de rétribution pécuniaire, un temps de travail dont la valeur serait jugée excéder le prix ordinaire des apprentissages.

Art. 10. Le maître ne pourra, sous peine de dommages et intérêts, retenir l'apprenti au-delà de son tems, ni lui refuser un congé d'acquit quand il aura rempli ses engagemens.

Les dommages-intérêts seront au moins du triple des journées depuis la fin de l'apprentissage.

Art. 11. Nul individu employant des ouvriers ne

pourra recevoir un apprenti sans congé d'acquit,
sous peine de dommages-intérêts envers son maître.

Art. 12. Nul ne pourra, sous les mêmes peines,
recevoir un ouvrier s'il n'est porteur d'un livret portant le certificat d'acquit de ses engagemens, délivré
par celui de chez qui il sort (1).

----

(1) Il arrive assez fréquemment dans plusieurs localités, que des
personnes employant des ouvriers, soit à la pièce, soit à la douzaine, soit au cent ; et, pour retenir à l'infini lesdits ouvriers,
leur fassent des avances tellement considérables sur leurs salaires,
que ceux-ci même, en travaillant leur vie durant, ne peuvent jamais acquitter leur dette.

De là, survient chez eux le dégoût du travail et bon nombre de
contestations qui n'existeraient pas si cet abus était mis au
néant.

Il est donc essentiel que les Prud'hommes ne perdent pas de
vue, qu'aux termes de l'article 15 de la présente loi, l'engagement d'un ouvrier ne peut jamais excéder une année, et qu'admettre le système contraire, ce serait en quelque sorte tolérer
un commerce honteux, en parallèle avec celui si bien connu de
Traite des Nègres.

Art. 13. La forme de ces livrets et les règles à suivre pour leur délivrance, leur tenue et leur renouvellement, seront déterminés par le gouvernement de la manière prescrite pour les réglemens d'administration publique.

Art. 14. Les conventions faites de bonne foi entre les ouvriers et ceux qui les emploient, seront exécutées.

Art. 15. L'engagement d'un ouvrier ne pourra excéder un an, à moins qu'il ne soit contre-maître, conducteur des autres ouvriers, ou qu'il n'ait eu un traitement et des conditions stipulés par un acte exprès (1).

En conséquence, toute convention par laquelle un ouvrier, en recevant des avances considérables sur son salaire, se trouverait engagé au-delà du terme fixé par la présente loi, doit être considérée comme illicite et nulle, aux termes des articles 1131 et 1133 du code civil.

(*Note de l'éditeur.*)

(1) Voyez la note qui précède.

TITRE IV.

—

Des marques particulières.

Art. 16. La contre-façon des marques particulières que tout artisan a le droit d'appliquer sur les objets de sa fabrication, donnera lieu, 1º à des dommages et intérêts envers celui dont la marque aura été
contre-faite ; 2º à l'application des peines prononcées
contre le faux en écritures privées.

Art. 17. La marque sera considérée comme contre-faite, quand on y aura inséré ces mots : Façon
de..., et à la suite le nom d'un autre fabricant, ou
d'une autre ville.

Art. 18. Nul ne pourra former action en contre-
façon de sa marque, s'il ne l'a préalablement fait
connaître d'une manière légale par le dépôt d'un

modèle au greffe du tribunal de commerce (1), d'où relève le chef-lieu de la manufacture ou de l'atelier.

TITRE V.

De la juridiction.

Art. 19. Toutes les affaires de simple police entre les ouvriers et apprentis, les manufacturiers, fabricans et artisans, seront portées à Paris devant le préfet de police, devant les commissaires-généraux de police dans les villes où il y en a d'établis, et dans les autres lieux devant le maire ou un des adjoints.

Ils prononceront sans appel les peines applicables aux divers cas, selon le code de police municipale. Si

---

(1) Aujourd'hui, au greffe du Conseil des Prud'hommes d'où relève la manufacture ou l'atelier; voyez le décret du 11 juin 1809, art. 7, ci-après.

l'affaire est du ressort des tribunaux de police correctionnelle ou criminelle, ils pourront ordonner l'arrestation provisoire des prévenus, et les faire traduire
devant le magistrat de sûreté (1).

Art. 20. Les autres contestations seront portées
devant les tribunaux auxquels la connaissance en est
attribuée par les lois.

Art. 21. En quelque lieu que réside l'ouvrier, la
juridiction sera déterminée par le lieu de la situation
des manufactures ou ateliers dans lesquels l'ouvrier
aura pris du travail.

---

(1) Les affaires de simple police dont parle l'article 19 sont
maintenant attribuées aux Conseils des Prud'hommes, là où ils
sont institués, art. 26, chapitre 5 de ce code,

'Arrêté du gouvernement, relatif au livret dont les ouvriers travaillant en qualité de compagnons ou de garçons, devront être pourvus (9 frimaire, an XII).

TITRE Ier.

Dispositions générales.

Art. 1er. A compter de la publication du présent arrêté, tout ouvrier travaillant en qualité de compagnon ou garçon, devra se pourvoir d'un livret.

Art. 2. Ce livret sera en papier libre, coté et paraphé sans frais, savoir : à Paris, Lyon et Marseille, par un commissaire de police, et, dans les autres villes, par le maire ou l'un de ses adjoints.

Le premier feuillet portera le sceau de la municipalité, et contiendra le nom et prénom de l'ouvrier, son âge, le lieu de sa naissance, son signalement, la désignation de sa profession, et le nom du maître chez lequel il travaille.

Art. 3. Indépendamment de l'exécution de la loi sur les passeports, l'ouvrier sera tenu de faire viser son dernier congé par le maire ou l'adjoint, et de faire indiquer le lieu où il se propose de se rendre.

Tout ouvrier qui voyagerait sans être muni d'un livret ainsi visé, sera réputé vagabond, et pourra être arrêté et puni comme tel.

TITRE II.

De l'inscription des congés sur le livret, et des obligations imposées à cet égard aux ouvriers et à ceux qui les emploient.

Art. 4. Tout manufacturier, entrepreneur et généralement toutes personnes employant des ouvriers, seront tenus, quand ces ouvriers sortiront de chez eux, d'inscrire sur leur livret un congé portant acquit de leurs engagemens, s'ils les ont remplis.

Les congés seront inscrits sans lacune, à la suite les uns des autres ; ils énonceront le jour de la sortie de l'ouvrier.

Art. 5. L'ouvrier sera tenu de faire inscrire le jour de son entrée sur son livret, par le maître chez lequel il se propose de travailler, ou, à son défaut, par les fonctionnaires publics désignés en l'article 2, et sans frais, et de déposer le livret entre les mains de son maître, s'il l'exige.

Art. 6. Si la personne qui a occupé l'ouvrier refuse, sans motif légitime, de remettre le livret, ou de délivrer le congé, il sera procédé contre elle de la manière, et suivant le mode établi par le titre 5 de la loi du 22 germinal. En cas de condamnation, les dommages-intérêts adjugés à l'ouvrier seront payés sur-le-champ.

Art. 7. L'ouvrier qui aura reçu des avances sur son salaire, ou contracté l'engagement de travailler un certain tems, ne pourra exiger la remise de son livret et la délivrance de son congé, qu'après avoir acquitté sa dette par son travail, et rempli ses engagemens si son maître l'exige.

Art, 8. S'il arrive que l'ouvrier soit obligé de se retirer, parce qu'on lui refuse du travail ou son salaire, son livret et son congé lui seront remis, encore qu'il n'ait pas remboursé les avances qui lui ont été faites; seulement le créancier aura le droit de mentionner la dette sur le livret.

Art. 9. Dans le cas de l'article précédent, ceux qui emploieront ultérieurement l'ouvrier, feront, jusqu'à entière libération, sur le produit de son travail, une retenue au profit du créancier.

Cette retenue ne pourra, en aucun cas, excéder les deux dixièmes du salaire journalier de l'ouvrier; lorsque la dette sera acquittée, il en sera fait mention sur le livret.

Celui qui aura exercé la retenue, sera tenu d'en prévenir le maître au profit duquel elle aura été faite, et d'en tenir le montant à sa disposition.

Art. 10. Lorsque celui pour lequel l'ouvrier a travaillé, ne saura ou ne pourra écrire, ou lorsqu'il sera décédé, le congé sera délivré après vérification par le commissaire de police, le maire du lieu, ou l'un de ses adjoints, et sans frais.

TITRE III.

—

Des formalités à remplir pour se procurer le livret.

Art. 11. Le premier livret d'un ouvrier lui sera expédié, 1° sur la présentation de son acquit d'apprentissage; 2° ou sur la demande de la personne chez laquelle il aura travaillé; 3° ou enfin sur l'affirmation de deux citoyens patentés de sa profession et domiciliés, portant que le pétitionnaire est libre de tout engagement, soit pour raison d'apprentissage, soit pour raison d'obligation de travail comme ouvrier.

Art. 12. Lorsqu'un ouvrier voudra faire coter et parapher un nouveau livret, il représentera l'ancien. Le nouveau livret ne sera délivré qu'après qu'il aura été vérifié que l'ancien est rempli, ou hors d'état de servir. Les mentions de dettes seront transportées de l'ancien livret sur le nouveau.

Art. 13. Si le livret de l'ouvrier était perdu, il pourra, sur la présentation de son passeport en règle, obtenir la permission provisoire de travailler, mais sans pouvoir être autorisé à aller dans un autre lieu, et à la charge de donner à l'officier de police du lieu la preuve qu'il est libre de tout engagement, et tous les renseignemens nécessaires pour autoriser la délivrance d'un nouveau livret, sans lequel il ne pourra partir.

Arrêté relatif à l'organisation des chambres consultatives de manufactures, fabriques, arts et métiers (10 thermidor, an XI).

Art. 1er. Les chambres consultatives de manufactures, fabriques, arts et métiers, qui seront établies dans les communes désignées par le gouvernement, conformément à l'article premier de la loi du 22 germinal, an XI, seront composées chacune de six membres, et présidées par les maires des lieux où elles seront placées : dans les communes où il se trouve plusieurs maires, le préfet présidera la chambre, ou désignera celui qui devra le remplacer.

Art. 2. Nul ne pourra être reçu membre d'une

chambre consultative, s'il n'est manufacturier, fabricant, directeur de fabrique, ou s'il n'a exercé une de
ces professions pendant cinq ans au moins.

Art. 3. Les fonctions desdites chambres seront
uniquement de faire connaître, conformément aux
dispositions de l'article 3 de la loi du 22 germinal,
les besoins et les moyens d'amélioration des manufactures, fabriques, arts et métiers.

Art. 4. Les chambres de commerce rempliront les
fonctions précitées, dans les communes où le gouvernement n'aura pas établi de chambres consultatives de manufactures, fabriques, arts et métiers.

Art. 5. Les chambres consultatives enverront
leurs projets et mémoires au sous-préfet de leur arrondissement, qui les transmettra avec ses observations au préfet; les préfets seront tenus de les adresser au ministre avec leur avis.

Art. 6. Pour procéder à la première formation
des chambres consultatives, les préfets, et, à leur défaut, les maires, dans les villes qui ne sont pas chef-
lieu de préfecture, réuniront sous leur présidence,
de vingt à trente fabicans et manufacturiers, les plus

distingués par l'importance de leurs établissemens, lesquels procéderont par scrutin secret, et à la pluralité des suffrages, à l'élection des membres qui doivent composer la chambre.

Art. 7. Les membres de la chambre seront renouvelés par tiers, tous les ans; les membres sortans pourront être réélus.

Aux deux premiers renouvellemens, le sort décidera quels sont ceux qui doivent sortir.

Les remplacemens se feront par la chambre, à la majorité absolue des suffrages.

Art. 8. Les maires des lieux où il sera établi des chambres consultatives de manufactures, fourniront un local convenable pour la tenue de leurs séances.

Art. 9. Les menus frais de bureau auxquels cette tenue donnera lieu, feront partie des dépenses des communes, seront portés dans leurs budgets et acquittés sur leurs revenus.

Extrait de la loi du 18 mars 1806, sur l'institution des Conseils de Prud'hommes.

TITRE II.

SECTION PREMIÈRE.

De la conciliation et du jugement des contestations entre les fabricans, ouvriers, chefs d'atelier, compagnons et apprentis.

Art. 6. Le Conseil des Prud'hommes est institué pour terminer, par la voie de la conciliation, les petits différends qui s'élèvent journellement, soit entre des fabricans et des ouvriers, soit entre des chefs d'atelier et compagnons ou apprentis.

Art. 7. A cet effet, il sera tenu, chaque jour, depuis onze heures du matin jusqu'à une heure, un bureau de conciliation composé d'un prud'homme, fabricant, et d'un prud'homme, chef d'atelier, devant lequel se présenteront en personne les parties en contestation (1).

Art. 8. Il se tiendra, une fois par semaine au moins, un bureau général, ou un Conseil de Prud'hommes, lequel pourra prononcer, au nombre de cinq membres au moins, ainsi qu'il est dit dans l'article précédent, sur tous les différends qui auront été renvoyés par le bureau de conciliation.

Art. 9. Tout différend portant une somme supérieure à celle de soixante francs, qui n'aura pu être terminé par la voie de conciliation, sera porté devant le tribunal de commerce, ou devant les tribunaux compétens (2).

---

(1) Voyez l'article 39, chapitre 2, page 36 de ce code, et la note numérotée 11, au bas dudit article.

(2) Voyez le décret du 3 août 1810 ci-après, et notamment l'article 2 dudit décret.

SECTION DEUXIÈME.

—

Des contraventions aux lois et réglemens.

Art. 10. Le Conseil des Prud'hommes *sera spé-cialement chargé de constater*, d'après les plaintes qui pourraient lui être adressées, les contraventions aux lois et réglemens nouveaux, ou remis en vigueur.

Art. 11. Les procès-verbaux dressés par les Prud'hommes pour constater ces contraventions, seront renvoyés aux tribunaux compétens, ainsi que les objets saisis.

Art. 12. Le Conseil des Prud'hommes constatera également sur les plaintes qui lui seront portées, les soustractions de matières premières qui pourraient être faites par les ouvriers au préjudice des fabricans, et les infidélités commises par les teinturiers.

Art. 13. Les Prud'hommes, dans les cas ci-dessus

et sur la réquisition verbale ou écrite des parties, pourront, au nombre de deux au moins, assistés d'un officier public, dont un fabricant et un chef d'atelier, faire des visites chez les fabricans, chefs d'atelier, ouvriers et compagnons.

Les procès-verbaux constatant les soustractions ou infidélités, seront adressés au bureau général des Prud'hommes et envoyés, ainsi que les objets formant pièces de conviction, aux tribunaux compétens.

SECTION TROISIÈME.

De la conservation de la propriété des dessins.

Art. 14. Le Conseil des Prud'hommes est chargé des mesures conservatoires de la propriété des dessins.

Art. 15. Tout fabricant qui voudra pouvoir révendiquer, par la suite, devant le tribunal de commerce, la propriété d'un dessin de son invention, sera tenu d'en déposer aux archives du Conseil des Prud'hommes un échantillon plié sous enveloppe revêtue de ses cachets et signatures, sur laquelle sera également apposé le cachet du Conseil des Prud'-hommes.

Art. 16. Les dépôts des dessins seront inscrits sur un registre tenu *ad hoc* par le Conseil des Prud'hommes, lequel délivrera aux fabricans un certificat rappelant le numéro d'ordre du paquet déposé et constatant la date du dépôt.

Art. 17. En cas de contestation entre deux ou plusieurs fabricans, sur la propriété d'un dessin, le Conseil de Prud'hommes procédera à l'ouverture des paquets qui auront été déposés par les parties; il fournira un certificat indiquant le nom du fabricant qui aura la priorité de date.

Art. 18. En déposant son échantillon, le fabricant déclarera s'il entend se réserver la propriété exclusivement pendant un, trois ou cinq ans, ou à perpétuité; il sera tenu note de cette déclaration.

A l'expiration du délai fixé par ladite déclaration,

si la réserve est temporaire, tout paquet d'échantillon déposé sous cachet dans les archives du conseil, devra être transmis au conservatoire des arts de la ville de Lyon, et les échantillons y contenus être joints à la collection du conservatoire.

Art. 19. En déposant son échantillon, le fabricant acquittera, entre les mains du receveur de la commune, une indemnité qui sera réglée par le Conseil des Prud'hommes, et ne pourra excéder un franc pour chacune des années pendant lesquelles il voudra conserver la propriété exclusive de son dessin, et sera de dix francs pour la propriété perpétuelle.

TITRE III.

Des réglemens de compte et de la police entre les maîtres d'atelier et les négocians.

'Art. 20. Tous les chefs d'atelier actuellement établis, ainsi que ceux qui s'établiront à l'avenir, seront tenus de se pourvoir au Conseil de Prud'hommes, d'un double livret d'acquit pour chacun des métiers qu'ils feront travailler dans la quinzaine, à dater du jour de la publication pour ceux qui travaillent ; et, dans la huitaine, du jour où commenceront à travailler ceux qu'ils monteront à neuf.

Sur ce livret d'acquit paraphé et numéroté, et qui ne pourra leur être réfusé lors même qu'ils n'auraient qu'un métier, seront inscrits les noms, prénoms et domicile du chef d'atelier.

Art. 21. Il sera tenu au Conseil des Prud'hommes un registre sur lequel lesdits livres d'acquit seront inscrits ; le chef d'atelier signera, s'il le sait, sur le registre et sur le livre d'acquit qui lui sera délivré.

Art. 22. Le chef d'atelier déposera le livre d'acquit du métier qu'il destinera au négociant-manufacturier, entre ses mains, et pourra, s'il le désire, en exiger un récépissé.

Art. 23. Lorsqu'un chef d'atelier cessera de travailler pour un négociant, il sera tenu de faire noter sur le livre d'acquit par ledit négociant que le chef d'atelier a soldé son compte, ou, dans le cas contraire, la déclaration du négociant spécifiera la dette dudit chef d'atelier.

Art. 24. Le négociant, possesseur du livret d'acquit, le fera viser aux autres négocians occupant des métiers dans le même atelier, qui énonceront la somme due par le chef d'atelier, dans le cas où il serait leur débiteur.

Art. 25. Lorsque le chef d'atelier restera débiteur au négociant-manufacturier pour lequel il aura cessé de travailler, celui qui voudra lui donner de l'ouvrage fera la promesse de retenir la huitième partie du prix des façons dudit ouvrage, en faveur du négociant dont la créance sera la plus ancienne sur ledit registre, et ainsi successivement, dans les cas où le chef d'atelier aurait cessé de travailler pour ledit négociant, du consentement de ce dernier, ou pour cause légitime; dans le cas contraire, le négociant-manufacturier qui voudra occuper le chef d'atelier, sera tenu de solder celui qui sera resté créancier en compte de matières, nonobstant toute dette antérieure, et le compte d'argent jusqu'à cinq cents francs.

Art. 26. La date des dettes que les chefs d'atelier auront contractées avec les négocians qui les auraient occupés, sera regardée comme certaine vis-à vis des négocians et maîtres d'atelier seulement, et à l'effet des dispositions portées au présent titre, après l'épu-rement des comptes, l'inscription de la déclaration sur le livre d'acquit et le visa du bureau des Prud'-hommes.

Art. 27. Lorsqu'un négociant-manufacturier aura donné de l'ouvrage à un chef d'atelier dépourvu de livre d'acquit pour le métier que le négociant voudra occuper, il sera condamné à payer comptant tout ce que ledit chef d'atelier pourra devoir en compte de matières et en compte d'argent, jusqu'à cinq cents francs.

Art. 28. Les déclarations ci-dessus prescrites seront portées par le négociant-manufacturier sur le livre d'acquit resté entre les mains du chef d'atelier, comme sur le sien.

TITRE IV.

—

Dispositions générales.

Art. 29. Le Conseil de Prud'hommes tiendra un registre exact du nombre de métiers existans et du nombre d'ouvriers de tout genre employés dans la fabrique, pour les renseignemens être communiqués à la chambre de commerce, toutes les fois qu'il en sera requis.

A cet effet, les Prud'hommes sont autorisés à faire dans les ateliers une ou deux inspections par an, pour recueillir les informations nécessaires.

Art. 30. Les fonctions des Prud'hommes, négocians-fabricans, sont purement gratuites.

Art. 31. Il sera attaché au Conseil des Prud'hommes un secrétaire et un commis, avec mille francs.

Art. 32. Toutes les fonctions des Prud'hommes et de leur bureau seront entièrement gratuites vis-à-vis des parties ; ils ne pourront réclamer, pour les formalités remplies par eux, d'autres frais que le remboursement du papier et du timbre (1).

Art. 33. En cas de plainte en prévarication portée contre les membres du Conseil de Prud'hommes, il sera procédé contre eux, suivant la forme établie à l'égard des juges.

Art. 34. Il pourra être établi, par un réglement d'administration publique délibéré en conseil d'état, un Conseil de Prud'hommes dans les villes de fabriques où le gouvernement le jugera convenable.

Art. 35. La composition pourra être différente selon les lieux ; mais ses attributions seront les mêmes.

---

(1) Excepté dans les cas prévus en l'article 12, livre 3, page 122 de ce code, Voir également le tarif, page 119,

Décret impérial contenant réglement sur les Conseils de Prud'hommes (11 juin 1809).

TITRE Ier.

—

Composition des Conseils de Prud'hommes. — Mode et époque du renouvellement de ses membres.

Article 1er. Les Conseils de Prud'hommes ne seront composés que de marchands-fabricans, chefs d'atelier, de contre-maîtres, de teinturiers, ou ouvriers patentés.

Le nombre de ceux qui en feront partie, pourra être plus ou moins considérable ; mais, en aucun cas, les chefs d'atelier, les contre-maîtres, les teinturiers ou les ouvriers, ne seront égaux en nombre aux marchands-fabricans ; ceux-ci auront toujours dans le conseil un membre de plus que les chefs d'atelier, les contre-maîtres, les teinturiers, ou les ouvriers.

Art. 2. Les Conseils de Prud'hommes seront établis sur la demande motivée des chambres de commerce, ou des chambres consultatives de manufactures.

Cette demande sera d'abord communiquée au préfet, qui examinera si elle est de nature à être accueillie ; il la transmettra ensuite à notre ministre de l'intérieur, qui, avant de nous en rendre compte, s'assurera si l'industrie qui s'exerce dans la ville, est assez importante pour faire autoriser la création du Conseil de Prud'hommes.

Art. 3. Les Conseils de Prud'hommes seront renouvelés en partie, chaque année (1), le premier jour du mois de janvier, dans les proportions qui suivent :

Si le conseil est composé de cinq membres, il ne

______

(1) Voyez art. 14, page 18 de ce code, et la note sur ledit article.

sera renouvelé, la première année, qu'un prud'-homme, marchand fabricant ;

La seconde année, il sera renouvelé un prud'-homme, marchand-fabricant, et un prud'homme, chef d'atelier, contre-maître, teinturier, ou ouvrier patenté ;

La troisième année, *idem*.

Si le conseil est composé de sept membres, il sera renouvelé, la première année, deux prud'hommes, marchands-fabricans, et un prud'homme, chef d'atelier, ou contre-maître, etc., etc. ;

La deuxième année, un prud'homme, marchand-fabricant, et un prud'homme, chef d'atelier ;

La troisième année, *idem*.

Si le conseil est composé de neuf membres, il sera renouvelé, la première année, un prud'homme, marchand-fabricant, et deux prud'hommes, chefs d'atelier ;

La deuxième année, deux prud'hommes, marchands-fabricans, et un prud'homme, chef d'atelier.

La troisième année, *idem*.

Si le conseil est composé de quinze membres, il sera renouvelé, la première année, deux prud'hommes, marchands fabricans, et un prud'homme, chef d'atelier;

La deuxième année, trois prud'hommes, marchands-fabricans, et trois prud'hommes, chefs d'atelier;

La troisième année, *idem*.

Le sort désignera ceux des Prud'hommes qui seront renouvelés, la première et la deuxième année; dans les autres années, ce seront les plus anciens nommés.

Les Prud'hommes sont toujours rééligibles.

TITRE II.

—

Attribution et juridiction des Conseils des Prud'hommes.

SECTION PREMIÈRE.

—

Des attributions des Conseils de Prud'hommes.

Art. 4. Les Conseils de Prud'hommes seront chargés de veiller à la conservation et observation des mesures conservatrices de la propriété des marques empreintes aux différens produits de la fabrique.

Art. 5. Tout marchand-fabricant qui voudra revendiquer devant les tribunaux la propriété de sa marque, sera tenu de l'établir d'une manière assez distincte des autres marques, pour qu'elles ne puissent être confondues et prises l'une pour l'autre.

Art. 6. Les Conseils de Prud'hommes réunis sont arbitres de la suffisance ou insuffisance de différence entre les marques déjà adoptées et les nouvelles qui seraient déjà proposées, ou même entre celles déjà existantes; et, en cas de contestation, elle sera portée au tribunal de commerce, qui prononcera après avoir vu l'avis du Conseil de Prud'hommes.

Art. 7. Indépendamment du dépôt ordonné par l'article 18 de la loi du 18 germinal, an XI, au greffe du tribunal de commerce, nul ne sera admis à intenter action en contre-façon de sa marque, s'il n'a déposé un modèle de cette marque au secrétariat du Conseil des Prud'hommes.

Art. 8. Il sera dressé procès-verbal de ce dépôt sur un registre en papier timbré, ouvert à cet effet, et

qui sera coté et paraphé par le Conseil des Prud'-
hommes.

Une expédition de ce procès-verbal sera remise
au fabricant, pour lui servir de titre contre les contre-
facteurs.

Art. 9. S'il était nécessaire, comme dans les ouvrages de quincaillerie et de coutellerie, de faire empreindre la marque sur des tables particulières, celui
à qui elle appartient paiera une somme de six francs,
entre les mains du receveur de la commune. Cette
somme, ainsi que toutes les autres qui seraient
comptées pour le même objet, seront mises en réserve, et destinées à faire l'acquisition des tables et à
les entretenir.

SECTION DEUXIÈME.

—

De la juridiction des Conseils de Prud'hommes.

Art. 10. Nul ne sera justiciable des Conseils de

Prud'hommes, s'il n'est marchand-fabricant, chef d'atelier, contre-maître, teinturier, ouvrier, compagnon ou apprenti.

Ceux-ci cesseront de l'être, dès que les contestations porteront sur des affaires, autres que celles qui sont relatives à la branche d'industrie qu'ils cultivent, et aux conventions dont cette industrie aura été l'objet. Dans ce cas, ils s'adresseront aux juges ordinaires.

Art. 11. La juridiction des Conseils de Prud'-hommes s'étend sur tous les marchands-fabricans, les chefs d'atelier, contre-maîtres, teinturiers, ouvriers, compagnons et apprentis, travaillant pour la fabrique du lieu ou du canton de la situation de la fabrique, suivant qu'il sera exprimé dans les décrets particuliers d'établissement de chacun de ces conseils, à raison des localités, quelque soit l'endroit de la résidence desdits ouvriers.

Art. 12. Les Conseils de Prud'hommes ne connaîtront que comme arbitres, des contestations entre fabricans, ou marchands pour les marques, comme il est dit, article 6, et, entre un fabricant et ses ouvriers, contre-maîtres, des difficultés relatives aux opérations de la fabrique.

TITRE III.

—

Mode de nomination et d'installation des Prud'hommes.

Art. 13. Les Prud'hommes seront élus dans une assemblée générale tenue à cet effet ; cette assemblée sera convoquée, huit jours à l'avance, par le préfet ; présidée par lui, ou par celui des fonctionnaires publics de l'arrondissement qu'il désignera.

Art. 14. Tout marchand-fabricant, tout chef d'atelier, tout contre-maître, tout teinturier, tout ouvrier désigné dans la loi du 18 mai 1806, qui voudra voter dans l'assemblée, sera tenu de se faire inscrire sur un registre à ce destiné, qui sera ouvert à l'Hôtel-de-Ville ; nul ne sera inscrit que sur la représentation de sa patente : les faillis seront exclus.

Art. 15. Pour la première année seulement de la création du conseil, le maire dressera la liste des votans, qui seront seuls admis à l'assemblée.

Art. 16. En cas de contestation sur le droit d'assistance à l'assemblée, soit cette année, soit les années suivantes, il sera statué par le préfet, sauf le recours à notre conseil d'état.

Art. 17. Il sera nommé par le préfet, ou par celui des fonctionnaires publics qu'il aura désigné pour présider l'assemblée, un secrétaire et deux scrutateurs.

L'élection des Prud'hommes sera faite au scrutin individuel, à la majorité absolue des suffrages; nul ne pourra être élu, s'il n'a trente ans accomplis.

Art. 18. Afin de remplacer les Prud'hommes qui viendraient à mourir, ou à donner leur démission pendant l'exercice de leurs fonctions, il sera nommé deux suppléans, dont l'un d'eux sera choisi parmi les marchands-fabricans, et l'autre parmi les chefs d'atelier, les contre-maîtres, les teinturiers, ou les ouvriers patentés.

Art. 19. L'élection terminée, il en sera dressé procès-verbal, qui sera déposé à la mairie. L'assemblée ne pourra délibérer, ni s'occuper d'aucune autre chose que de l'élection.

Art. 20. Les Prud'hommes prêteront, entre les mains du préfet, ou du fonctionnaire public qui le remplacera, serment d'obéissance aux lois et fidélité à l'empereur, et de remplir leurs devoirs avec zèle et intégrité.

TITRE IV.

Du bureau particulier et du bureau général des Prud'hommes.

Art. 21. Le bureau particulier des Prud'hommes sera composé de deux membres, dont l'un sera marchand-fabricant, et l'autre chef d'atelier, contre-maître, teinturier, ou ouvrier patenté.

Dans les villes où le conseil est de cinq ou de sept membres, ce bureau s'assemblera tous les deux jours, depuis onze heures du matin jusqu'à une heure.

Si le conseil est composé de neuf ou de quinze membres, le bureau particulier tiendra tous les jours une séance qui commencera et finira aux mêmes heures.

Art. 22. Les fonctions du bureau particulier sont de concilier les parties : s'il ne le peut, il les renverra devant le bureau général.

Art. 23. Le bureau général se réunira une fois par semaine au moins ; il prendra connaissance de toutes les affaires qui n'auraient pu être terminées par la voix de conciliation, quelle que soit la quotité de la somme dont elles seraient l'objet : mais ses jugemens ne seront définitifs qu'autant qu'ils porteront sur des différends qui n'excéderont pas soixante francs en principale et en accessoires. Dans tous autres cas, il sera libre d'en appeler.

Art. 24. Le bureau général ne pourra prendre de délibérations, que dans une séance où les deux tiers au moins de ses membres se trouveront présens.

Les délibérations seront formées par l'avis de la majorité absolue des membres présens (de la moitié, plus un).

Art. 25. Il sera nommé par le bureau général des Prud'hommes, un président et un vice-président. Ce président et ce vice-président ne seront en exercice que pendant une année, à l'expiration de laquelle il sera procédé à une nouvelle élection : l'un et l'autre sont toujours rééligibles.

Art. 26. Il sera attaché au bureau général des Prud'hommes, un secrétaire, pour avoir soin des papiers et tenir la plume pendant leurs séances ; il sera nommé à la majorité absolue des suffrages ; il pourra être révoqué à volonté ; mais, dans ce cas, la délibération devra être signée par les deux tiers des Prud'hommes.

Art. 27. Les jugemens rendus par le bureau général des Prud'hommes, lorsque les parties n'auront pu être conciliées par le bureau particulier, seront mis à exécution vingt-quatre heures après la signification, et provisoirement, sauf l'appel devant le tribunal de commerce, ou, à défaut de tribunal de commerce, devant le tribunal de première instance. Ils seront signés par le président ou le vice-président, et contre-signés par le secrétaire ; ils seront signifiés à la partie condamnée par un huissier qui sera attaché au Conseil des Prud'hommes.

Art. 28. Dans les cas urgens, les Conseils de Prud'hommes, de même les bureaux particuliers, pourront ordonner telles mesures qui seront jugées nécessaires, pour empêcher que les objets qui donnent lieu à une réclamation, ne soient enlevés, ou déplacés, ou détériorés.

TITRE V.

—

Des citations.

Art. 29. Tout marchand-fabricant, tout chef d'atelier, tout contre-maître, tout teinturier, tout ouvrier, compagnon ou apprenti, appelé devant les Prud'hommes, sera tenu, sur une simple lettre de leur secrétaire, de s'y rendre en personne au jour et à l'heure fixés, sans pouvoir se faire remplacer, hors le cas d'absence ou de maladie. Alors seulement, il sera admis à se faire représenter par l'un de ses parens, négociant ou marchand, exclusivement, porteur de sa procuration.

Art. 3o. Si le particulier, qui aurait été invité par le secrétaire à se rendre au bureau particulier, ou au bureau général des Prud'hommes, ne paraît point, il lui sera envoyé une citation, qui lui sera remise par l'huissier attaché au conseil. Cette citation, qui contiendra la date des jours, mois et an, les noms, professions et domicile du demandeur, les noms et demeure du défendeur, énoncera sommairement les motifs qui le font appeler.

Art. 31. La citation sera notifiée au domicile du défendeur, et il y aura un jour au moins entre celui où elle aura été remise, et le jour indiqué pour la comparution, si la partie est domiciliée dans la distance de trois myriamètres; si elle est domiciliée au-delà de cette distance, il sera ajouté un jour pour trois myriamètres.

Dans le cas où les délais n'auraient pas été observés, si le défendeur ne paraît point, les Prud'hommes

ordonneront qu'il lui soit envoyé une nouvelle citation; alors, les frais de la première citation seront à
la charge du demandeur.

TITRE VI.

—

Des séances du bureau particulier et du bureau général des
Prud'hommes et de la comparution des parties.

Art. 32. Au jour fixé par la lettre du secrétaire
ou par la citation de l'huissier, les parties comparaîtront devant le bureau particulier des Prud'hommes, sans pouvoir être admises à faire signifier aucu-
nes défenses.

Art. 33. Elles seront tenues de s'expliquer avec
modération, et de se conduire avec respect : si elles
ne le font point, elles seront d'abord rappelées à leurs
devoirs par un avertissement de Prud'homme, marchand-fabricant. En cas de récidive, le bureau particulier pourra les condamner à une amende qui n'ex-

cédera pas dix francs, avec affiches du jugement dans la ville où siége le conseil.

Art. 34. Dans le cas d'insulte ou d'irrévérence grave, le bureau particulier en dressera procès-verbal, et pourra condamner celui qui s'en sera rendu coupable, à un emprisonnement dont la durée ne pourra excéder trois jours.

Art. 35. Les jugemens, dans les cas prévus par les deux articles précédens, seront exécutoires par provision.

Art. 36. Les parties seront d'abord entendues contradictoirement; le bureau particulier ne négligera rien pour les concilier : s'il ne peut y parvenir, il les renverra, ainsi qu'il est dit à l'article 22, devant le bureau général, qui statuera sur-le-champ.

Art. 37. Lorsque l'une des parties déclarera vouloir s'inscrire en faux, déniera l'écriture, ou déclarera ne pas la reconnaître, le président du bureau général lui en donnera acte; il paraphera la pièce, en renverra la cause devant les juges auxquels en appartient la connaissance.

Art. 38. L'appel des jugemens des Conseils de

Prud'hommes, ne sera pas recevable après les trois mois de la signification faite par l'huissier attaché à ces conseils.

Art. 39. Les jugemens des Conseils de Prud'-hommes, jusqu'à la concurrence de trois cents francs, seront exécutoires par provision, nonobstant l'appel, et sans qu'il soit besoin, par la partie qui aura obtenu gain de cause de fournir caution.

Art. 40. Les minutes de tout jugement seront portées par le secrétaire sur la feuille de la séance, signées par les Prud'hommes qui auront été présen-tés, et contre-signées par lui.

TITRE VII.

—

Des jugemens par défaut, et des oppositions à ces jugemens.

Art. 41. Si, au jour indiqué par la lettre du se-crétaire, ou par la citation de l'huissier, l'une des parties ne comparaît pas, la cause sera jugée par défaut, sauf l'envoi d'une nouvelle citation dans le cas prévu au dernier paragraphe de l'article 31.

Art. 42. La partie condamnée par défaut pourra former opposition dans les trois jours de la signification faite par l'huissier du conseil; cette opposition contiendra sommairement les moyens de la partie, et assignation au premier jour de séance du Conseil de Prud'hommes, en observant toutefois les délais prescrits pour les citations; elle indiquera en même temps les jour et heure de la comparution, et sera notifiée, ainsi qu'il est dit ci-dessus.

Art. 43. Si le Conseil des Prud'hommes sait, par lui-même, ou par les représentations qui lui seront faites par les proches voisins ou amis du défendeur, que celui-ci n'a pas été instruit de la contestation, il pourra, en adjugeant le défaut, fixer, pour le délai de l'opposition, le temps qui lui paraîtra convenable; et, dans le cas où la prorogation n'aurait été ni accordée d'office, ni demandée, le défaillant pourra être relevé de la rigueur du délai et admis à opposition, en justifiant qu'à raison d'absence ou de maladie grave, il n'a pu être instruit de la contestation.

Art. 44. La partie opposante qui se laisserait juger une seconde fois par défaut, ne sera plus admis à former une nouvelle opposition.

TITRE VIII.

—

Des jugemens qui ne sont pas définitifs et de leur exécution,

Art. 45. Les jugemens qui ne seront pas définitifs, ne seront point expédiés quand ils auront été rendus contradictoirement, et prononcés en présence des parties.

Dans le cas où le jugement ordonnerait une opération à laquelle les parties devraient assister, il indiquera le lieu, le jour et l'heure; la prononciation vaudra citation.

Art. 46. Toutes les fois qu'un ou plusieurs prud'hommes jugeront devoir se transporter dans une manufacture, ou dans des ateliers, pour apprécier, par leurs propres yeux, l'exactitude de quelques faits qui auraient été allégués, ils seront accompagnés de leur secrétaire qui apportera la minute du jugement préparatoire.

Art. 47. Il n'y aura lieu à l'appel des jugemens préparatoires qu'après le jugement définitif, et conjointement avec l'appel de ce jugement. Mais l'exécution des jugemens préparatoires ne portera aucun préjudice aux droits des parties sur l'appel, sans qu'elles soient obligées de faire à cet égard aucune protestation ni réserve.

TITRE IX.

—

Des enquêtes.

Art. 48. Si les parties sont contraires en faits de nature à être constatés par témoins, et dont le Conseil de Prud'hommes trouve la vérification utile et admissible, il ordonnera la preuve, et en fixera précisément l'objet.

Art. 49. Au jour indiqué, les témoins, après avoir

dit leurs noms, professions, âge et demeure, feront le serment de dire la vérité, et déclareront s'ils sont parens, ou alliés des parties, et à quel degré, et s'ils sont leurs serviteurs ou leurs domestiques.

Art. 50. Ils seront entendus séparément, hors, comme en la présence des parties, ainsi que le Conseil l'avisera bien : les parties seront tenues de fournir leurs reproches avant la déposition, et de les signer; si elles ne le savent ou ne le peuvent, il en sera fait mention.

Art. 51. Les parties n'interrompront point les témoins; après la déposition, le président du Conseil des Prud'hommes pourra, sur la réquisition des parties et même d'office, faire aux témoins les inter-pellations qu'il jugera convenables.

Art. 52. Dans les causes sujettes à l'appel, le secrétaire du conseil dressera procès-verbal de l'audition des témoins; cet acte contiendra leurs noms, prénoms, profession et demeure, leur serment de dire la vérité, leur déclaration s'ils sont parens, al-liés, serviteurs ou domestiques des parties, et les reproches qui auraient été fournis contre eux. Lec-ture de ce procès-verbal sera faite à chaque témoin pour la partie qui le concerne. Il signera sa déposition, où mention sera faite qu'il ne sait ou ne peut signer; le procès-verbal sera en outre signé par le président du conseil et contre-signé par le secrétaire. Il sera procédé immédiatement au jugement, ou au plus tard à la première séance (1).

Art. 53. Dans les causes de nature à être jugées en dernier ressort, il ne sera pas dressé de procès-verbal; mais le jugement énoncera les noms, âge, profession et demeure des témoins, leur serment, leur déclaration, s'ils sont parens, alliés, serviteurs, ou domestiques des parties, les reproches et le résultat des dépositions.

TITRE X.

—

De la récusation des Prud'hommes.

Art. 54. Un ou plusieurs prud'hommes pourront

----

(1) Voyez page 73, formule 13 de ce code,

être récusés, 1° quand ils auront un intérêt personnel à la contestation ;

2° Quand ils seront parens ou alliés de l'une des parties, jusqu'au degré de cousin-germain inclusivement ;

3° Si, dans l'année qui a précédé la récusation, il y a eu procès criminel entre eux et l'une des parties, ou son conjoint, ou ses parens et alliés en ligne directe ;

4° S'il y a procès civil existant entre eux et l'une des parties, ou son conjoint ;

5° S'ils ont donné un avis écrit dans l'affaire.

Art. 55. La partie qui voudra récuser un ou plusieurs prud'hommes, sera tenue de former la récusation, et d'en exposer les motifs par un acte qu'elle fera signifier au secrétariat du conseil par le premier huissier requis. L'exploit sera signé sur l'original, et la copie par la partie ou son fondé de pouvoir. La copie sera déposée sur le bureau du conseil, et communiquée immédiatement au prud'homme qui sera récusé (1).

____

(1) Voyez formule, numéro 17, page 79.

Art. 56. Le prud'homme sera tenu de donner au bas de cet acte, dans le délai de deux jours, sa déclaration par écrit, portant ou son acquiescement à la récusation, ou son refus de s'abstenir, avec ses réponses, aux moyens de récusation.

Art. 57. Dans les trois jours de la réponse du prud'homme qui refuse de s'abstenir, ou faute par lui de répondre, une expédition de l'acte de récusation et de la déclaration du prud'homme, s'il y en a, sera envoyée par le président du conseil au président du tribunal de commerce dans le ressort duquel le conseil est situé. La récusation y sera jugée en dernier ressort dans la huitaine, sans qu'il soit besoin d'appeler les parties.

TITRE XI.

—

Des sommes qui seront payées aux secrétaires des Prud'hommes et aux huissiers (1).

Art. 58. Les parties pourront toujours se présen-

______

(1) Voyez pages 119 et suiv. de ce code.

ter volontairement devant les Prud'hommes pour être conciliées par eux. Dans ce cas, elles seront tenues de déclarer qu'elles demandent leurs bons offices. Cette déclaration sera signée par elles, où mention en sera faite, si elles ne savent signer. Il ne sera rien payé pour cet objet.

Art. 59. Il sera payé aux secrétaires des Conseils de Prud'hommes les sommes suivantes ;

Pour la lettre d'invitation de se rendre au conseil, trente centimes, ci. . . . . » 30 c.

Pour chaque rôle d'expédition qu'ils délivreront, et qui contiendra vingt lignes à la page, et dix syllabes à la ligne, quarante centimes, ci. . . . » 40 c.

Pour expédition du procès-verbal, qui contiendra que les parties n'ont pu être conciliées, et qui ne doit contenir qu'une mention sommaire qu'elles n'ont pu s'accorder, quatre-vingt centimes, ci » 80 c.

Pour expédition du procès-verbal qui constatera le dépôt du modèle d'une marque, trois francs, ci. . . . . 3 f. »

Art. 60. Il est alloué les sommes suivantes :

Au greffier du tribunal de commerce, pour expédition du procès-verbal qui constatera le dépôt du modèle d'une marque, trois francs, ci . . .   3 f. »

A l'huissier attaché au Conseil des Prud'hommes, pour chaque citation, un franc vingt-cinq centimes, ci . . . .   1 f. 25 c.

S'il y a une distance de plus d'un demi myriamètre entre la demeure de l'huissier et le lieu où devront être remises la citation et la signification, il sera payé par myriamètres, aller et retour :

Pour la citation, un franc soixante quinze centimes, ci . . . .   1 f. 75 c.

Pour la signification, deux francs, ci.   2 f. »

Pour la copie des pièces qui pourra être donné avec les jugemens rendus, il sera payé à l'huissier, par chaque rôle d'expédition de vingt lignes à la page et de dix syllabes à la ligne, vingt centimes, ci . . . .   » 20 c.

Art. 61. Il sera taxé aux témoins entendus par les Conseils de Prud'hommes, une somme équivalente à une journée de travail, même à une double journée, si le témoin a été obligé de se faire remplacer dans sa profession. Cette taxation est laissée à la prudence des conseils.

Si le témoin n'a pas de profession, il lui sera taxé deux francs, ci . . . . 2 f. »

Il ne lui sera point passé de frais de voyage, s'il est domicilié dans le canton et à une distance de plus de deux myriamètres et demi du lieu où il fera sa déposition ; il lui sera alloué autant de fois une somme double de journée de travail, ou une somme de quatre francs, qu'il y aura de fois cinq myriamètres de distance entre son domicile et le lieu où il aura déposé.

Art. 62. Au moyen de la taxation dont il est question dans les articles 59, 60 et 61, les frais de papier, de registre et d'expédition, seront à la charge des secrétaires des Conseils de Prud'hommes et des greffiers des tribunaux de commerce.

Art. 63. Tout secrétaire de Conseil de Prud'hommes, tout greffier de tribunaux de commerce, tout huissier convaincu d'avoir exigé une taxe plus forte que celle qui leur est allouée, sera puni comme concussionnaire.

TITRE XII.

—

Dispositions générales.

—

SECTION PREMIÈRE.

—

De l'inspection des Prud'hommes dans les ateliers, et du livret dont les ouvriers doivent être pourvus.

Art. 64. L'inspection dans les ateliers autorisés par l'article 29, titre 4 de la loi du 18 mars 1806, n'aura lieu qu'après que le propriétaire de l'atelier aura été prévenu deux jours avant celui où les

Prud'hommes devront se rendre dans son domicile ; celui-ci est tenu de leur donner un état exact du nombre de métiers qu'il a en activité, et des ouvriers qu'il occupe.

Art. 65. L'inspection des Prud'hommes a pour objet unique d'obtenir des informations sur le nombre de métiers et d'ouvriers ; et, en aucun cas, ils ne peuvent en profiter pour exiger la communication des livres d'affaires, et des procédés nouveaux de fabrication que l'on voudrait tenir secrets.

Art. 66. Si, pour effectuer leur inspection, les Prud'hommes ont besoin du concours de la police municipale, cette police est tenue de leur fournir tous les renseignemens et toutes les facilités qui sont en leur pouvoir.

Art. 67. Les Conseils de Prud'hommes ne peuvent s'immiscer dans la délivrance des livrets dont les ouvriers doivent être pourvus aux termes de la loi du 22 germinal de l'an XI. Cette attribution est exclusivement réservée aux maires, ou à leurs adjoints.

SECTION DEUXIÈME.

Du local où seront placés les Conseils de Prud'hommes, et des frais qu'entraînera la tenue de leurs séances.

Art. 68. Le local nécessaire aux Conseils des Prud'hommes, pour la tenue de leurs séances, sera fourni par les villes où ils seront établis.

Art. 69. Les dépenses du premier établissement seront pareillement acquittées par ces villes; il en sera de même des dépenses ayant pour objet le chauffage, l'éclairage et les menus frais.

Art. 70. Le président du Conseil des Prud'hommes présentera, chaque année, au maire, l'état des dépenses désignées dans l'article ci-dessus : celui-ci le comprendra dans son budget, et lorsqu'elles auront été approuvées, il en ordonnera le paiement, d'après les demandes particulières qui lui seront faites.

Art. 71. Notre ministre de l'intérieur et notre grand-juge, ministre de la justice, sont chargés, chacun en ce qui le concerne, de l'exécution du présent décret.

Décision générale, relative aux droits de timbre et d'enregistrement, dont sont passibles les procès-verbaux, jugemens et actes du Conseil des Prud'hommes. --- Instruction générale du 8 juillet 1809, n° 437 (art. 3171 et 3172 du J.).

Le ministre des finances, après s'être concerté avec le ministre de l'intérieur, a rendu, le 20 juin 1809, une décision générale sur les droits de timbre et d'enregistrement, dont sont passibles les procès-verbaux, jugemens et actes du Conseil des Prud'hommes.

Elle porte, 1° Que les actes et procès-verbaux *du bureau de conciliation* des Prud'hommes, seront assujéties à l'enregistrement sur la minute, ainsi qu'y sont soumis, par la loi du 22 frimaire, an VII, les actes de l'espèce des bureaux de conciliation de la justice de paix ;

2° Que les jugemens prononcés par le bureau général, ou Conseil des Prud'hommes, doivent être enregistrés sur la minute ou sur l'expédition, suivant les distinctions que la loi de frimaire indique ;

3º Que les citations, pour appeler devant les Prud'hommes celles des parties qui n'auraient pas comparu, ainsi que toute signification des actes ou jugemens de ces magistrats, doivent être enregistrées dans les quatre jours de leur date, et inscrites sur le répertoire, quelque soit l'officier qui ait instrumenté ;

4º Que ces procès-verbaux, jugemens et actes, seront enregistrés *gratis*, toutes les fois qu'ils constateront que l'objet de la contestation n'excède pas en total la somme de vingt-cinq francs ;

5º Que les actes et jugemens concernant des contestations ayant pour objet une somme au-dessus de *vingt-cinq francs*, seront passibles du droit réglé pour les actes de la justice de paix ;

6º Qu'à défaut de désignation de la somme faisant la matière du différend, les citations, significations ou actes, ainsi que les procès-verbaux du bureau de conciliation, ou le jugement du conseil, seront soumis au droit fixe d'*un franc* ;

7° Que le secrétaire dudit conseil doit remplir les obligations imposées aux greffiers des juges de paix; que, conséquemment, il est tenu de rédiger, sur une feuille ou sur un registre d'audience, en papier timbré, tous les jugemens rendus, et de porter, jour par jour, sur un répertoire, les actes qui, d'après l'article 49 de la loi de frimaire, doivent y être inscrits;

8° Que les procès-verbaux du Conseil des Prud'hommes, qui, d'après les plaintes qui pourraient lui être adressées, constatent, 1° les contraventions aux lois et réglemens nouveaux, ou remis en vigueur; 2° les soustractions de matières premières qui pourraient être faites par les ouvriers, au préjudice des fabricans, et les infidélités commises par les teinturiers, seront enregistrés *gratis* dans les vingt jours de leur date;

9° Que les certificats de dépôt de dessins délivrés aux fabricans qui l'ont effectué, recevront *gratis* la formalité;

10° Enfin, que les doubles livres d'acqui', dont tous les chefs d'ateliers seront tenus de se pourvoir pour chacun des métiers qu'ils font travailler, seront sur papier timbré; mais, que les trois registres tenus

par le Conseil des Prud'hommes, pour y inscrire ,
1° le dépôt des dessins fait par les fabricans; 2° les
livres d'acquit ; 3° et le nombre de métiers existans
et le nombre d'ouvriers de tous genres employés
dans la fabrique, font partie de ceux que la loi de
brumaire excepte du droit de timbre.

Il résulte de cette décision que la loi sur le timbre
doit, dans tous les cas, être maintenue; que, si l'enregistrement *gratis* est autorisé lorsqu'il s'agit d'affaires qui n'excèdent pas vingt-cinq francs, la formalité n'en est pas moins de rigueur, quelque modique
que soit la somme, et que tous les actes devant être
enregistrés, les préposés ont la faculté de reconnaître
ceux qui sont assujétis aux droits, et ceux qui en sont
dispensés.

Article 29, *titre* 4 *de l'instruction qui précède.*

Le secrétaire du conseil doit, par une suite nécessaire, jouir de la faveur que l'article 37 de la loi sur
l'enregistrement accorde aux greffiers, relativement
aux droits qui n'ont pas été avancés par les parties,
et être admis à fournir les extraits que cet article

prescrit de délivrer. Enfin, le secrétaire doit être assujéti, comme le greffier du juge de paix y est soumis pour les actes qui émanent du tribunal auprès duquel il est placé, à porter sur une feuille ou registre d'audience, en papier timbré, tous les jugemens rendus par les Prud'hommes, et à tenir, ainsi que l'officier qui remplit auprès du conseil les fonctions d'huissier, un répertoire pour y inscrire, jour par jour, les actes qui, d'après la loi du 22 frimaire, an VII, doivent y être consignés.

DES MARQUES.

—

Arrêté relatif à la marque des ouvrages de quincaillerie et de coutellerie (23 nivose, an IX).

La fabrique de quincaillerie et de coutellerie de la République est autorisée à frapper ses ouvrages d'une marque particulière assez distincte des autres marques, pour ne pouvoir être confondue avec elles; la propriété de cette marque ne sera assurée qu'à

ceux qui l'auront fait empreindre sur des tables communes déposées, à cet effet, dans une des salles du
chef-lieu de la sous-préfecture. Il leur sera délivré un
titre qui constatera le dépôt (1).

Décret concernant la juridiction des Prud'hommes
(3 août 1810).

—

TITRE Ier.

De la juridiction des Prud'hommes pour les intérêts civils.

Art. 1er. Les Conseils de Prud'hommes sont au-

---

(1) Voyez l'article 7 du décret du 11 juin 1809, qui a innové
sur ce point.

torisés à juger toutes les contestations qui naîtront entre les marchands-fabricans, chefs d'atelier, contre-maîtres, ouvriers, compagnons et apprentis, quelle que soit la quotité de la somme dont elles seraient l'objet, aux termes de l'article 23 de notre décret du 11 juin 1809.

Art. 2. Leurs jugemens seront définitifs et sans appel, si la condamnation n'excède pas cent francs en capital et accessoires.

Au-dessus de cent francs, ils seront sujets à l'appel devant le tribunal de commerce de l'arrondissement, et, à défaut du tribunal de commerce, devant le tribunal de première instance.

Art. 3. Les jugeméns des Conseils de Prud'hommes, jusqu'à concurrence de trois cents francs, seront exécutoires par provision, nonobstant appel, aux termes de l'article 29 du décret du 11 juin 1809, et sans qu'il soit besoin, pour la partie qui aura obtenu gain de cause, de fournir caution.

Au-dessus de trois cents francs, ils seront exécutoires par provision, en fournissant caution.

TITRE II.

—

Attributions des Prud'hommes en matière de police.

Art. 4. Tout délit tendant à troubler l'ordre et la discipline de l'atelier, tout manquement grave des apprentis envers leurs maîtres, pourront être punis par les Prud'hommes, d'un emprisonnement qui n'excédera pas trois jours, sans préjudice de l'exécution de l'article 19, titre 5 de la loi du 22 germinal, an XI, et de la concurrence des officiers de police et des tribunaux.

L'expédition du prononcé des Prud'hommes, certifié par leur secrétaire, sera mise à exécution par le premier agent de police ou de la force publique, sur ce requis.

Art. 5. Notre grand-juge, ministre de la justice, et notre ministre de l'intérieur, sont chargés, chacun en ce qui le concerne, de l'exécution du présent décret, qui sera inséré au bulletin des lois.

Décret impérial contenant des dispositions tendant à prévenir, ou à réprimer la contre-façon des marques que les fabricans de quincaillerie sont autorisés à mettre sur leurs ouvrages (5 septembre 1810).

TITRE Ier.

Dispositions générales.

Article 1er. Il est défendu de contre-faire les marques que, par un arrêté du 23 nivôse, an IX, les fabricans de quincaillerie et de coutellerie sont autorisés à mettre sur leurs ouvrages ; tout contrevenant à cette disposition sera puni, pour la première fois,

d'une amende de trois cents francs, **dont la moitié**
sera versée dans la caisse des hospices de la commune;
en cas de récidive, cette amende sera double, et il
sera condamné à un emprisonnement de six mois.

Art. 2. Les objets contre-faits seront saisis et confisqués au profit du propriétaire de la marque, le
tout sans préjudice des dommages et intérêts qu'il y
aura lieu de lui adjuger.

Art. 3. Nul ne sera admis à intenter action en
contre-façon de sa marque, s'il n'a fait empreindre
cette marque sur les tables communes établies à cet
effet, et déposées au tribunal de commerce, selon
l'article 18 de la loi du 22 germinal, an XI.

Art. 4. Dans les villes où il y a des Conseils de
Prud'hommes, les tables seront déposées en outre au
secrétariat de ces conseils, selon l'article 7 du décret
du 11 juin 1809.

Art. 5. Il sera dressé procès-verbal des dépôts
sur un registre en papier timbré ouvert à cet effet, et
qui sera coté et paraphé. Une expédition de ce procès-verbal sera remise au propriétaire de la marque
pour lui servir de titre contre les contre-facteurs.

Art. 6. Tout particulier qui voudra s'assurer la propriété de sa marque, est tenu, conformément à l'article 9 du décret du 11 juin 1809, de verser une somme de six francs entre les mains du receveur de la commune. Cette somme, ainsi que toutes les autres qui seront comptées pour le même objet, seront mises à la disposition des Prud'hommes ou du maire, et destinées à faire l'acquisition des tables, et à les entretenir.

Le préfet en surveillera l'acquisition.

Art. 7. Il sera payé trois francs pour l'expédition du procès-verbal de dépôt.

TITRE II.

De la saisie des objets dont la marque aurait été contre-faite, et mode de procéder contre les contre-facteurs.

Art. 8. La saisie des ouvrages dont la marque aurait été contre-faite, aura lieu sur la simple réquisition du propriétaire de cette marque ; les officiers dé police sont tenus de l'effectuer sur la présentation du procès-verbal du dépôt ; ils renverront ensuite les parties devant le Conseil des Prud'hommes, s'il y en a un dans la commune ; s'il n'y en a point, le juge de paix du canton prendra connaissance de l'affaire.

Art. 9. Le Conseil des Prud'hommes, ou le juge de paix, entendra d'abord les parties et leurs témoins ; il prononcera ensuite son jugement qui sera mis à exécution sans appel, ou à la charge de l'appel, avec ou sans caution, conformément aux dispositions du décret du 3 août 1810.

Art. 10. Dans le cas où la dénonciation pour contre-façon ne serait point fondée, celui qui l'aura faite sera condamné à des dommages et intérêts proportionnés au trouble et au préjudice qu'il aurait causés.

Art. 11. Tout jugement emportant condamnation, rendu en matière de contre-façon d'une marque, sera imprimé et affiché aux frais du contre-facteur. Les parties ne pourront, en aucun cas, transiger sur l'affiche et la publication.

Décret impérial tendant à prévenir ou réprimer la fraude dans la fabrication des savons (1ᵉʳ avril 1811).

Article 1ᵉʳ. Tout fabricant de savon dans l'étendue des terres de l'empire français, sera tenu d'apposer sur chaque brique de savon sortant de sa fabrique, une marque déposée au tribunal de commerce et au secrétariat du Conseil des Prud'hommes, selon l'article 18 de la loi du 22 germinal, an XI, et l'article 7 du décret du 11 juin 1809.

Art. 2. Cette marque sera différente pour le savon fabriqué à l'huile d'olive, pour celui fabriqué l'huile de graines, et pour celui fabriqué au suif ou à la graisse.

Art. 3. Tout savon non marqué, ou tout savon marqué comme savon à l'huile, quoiqu'il soit à la graisse, ou marqué d'une fausse marque, sera saisi dans les magasins des fabricans, ou chez les marchands, à la diligence des Prud'hommes, de tout officier de la police municipale et judiciaire, ou à la réquisition de toute partie intéressée, et la confiscation en sera prononcée par les autorités compétentes, moitié au profit des hospices, l'autre moitié au profit des officiers de police ou des parties requérantes, sans préjudice d'une amende qui ne pourra excéder trois cents francs, et sera double dans le cas de récidive, ou d'autres peines portées par les lois et réglemens.

Art. 4. Tout fabricant convaincu, par la décomposition, d'avoir fraudé dans la fabrication du savon, par l'introduction d'une quantité surabondante d'eau, ou de substances propres à en altérer la qualité, sera poursuivi, et son savon confisqué, comme il est dit, article précédent, sans préjudice des dommages et intérêts, s'il y a lieu.

Art. 5. Les Prud'hommes des villes où il y a des fabriques de savon, auront sur les magasins où le savon fabriqué se dépose, ou dans les lieux de débit, le droit d'inspection pour l'exécution des articles précédens, indépendamment de la juridiction qui leur est attribuée par les lois et réglemens.

Art. 6. Le présent décret n'est applicable qu'aux savons destinés aux blanchisseries, teintures et dégraissage, et non à la fabrication des savons de luxe et de toilette.

Ordonnance du roi, qui autorise les membres des Conseils de Prud'hommes à porter une marque distinctive dans l'exercice de leurs fonctions (12 novembre 1828, bulletin n° 262).

Au Château des Tuileries, le 12 nov. 1828.

CHARLES, par la grace de Dieu, roi de France et de Navare ; etc.

Vu la loi du 18 mars 1806, les décrets des 3 juillet 1806, 11 juin 1809, 20 février et 3 août 1810, portant création de Conseils de Prud'hommes en diverses villes de notre royaume, et qui, en leur donnant le caractère d'officiers publics, règlent l'exercice de leur juridiction, les chargent de constater les contraventions aux lois et réglemens en fait d'iudustrie, et les autorise à faire des visites et vérifications dans les manufactures et fabriques ;

Sur le rapport de notre garde-des-sceaux, notre

secrétaire d'état au département de la justice, notre conseil d'état entendu ;

Nous avons ordonné et ordonnons ce qui suit :

Article 1er. Les membres des Conseils des Prud'-hommes porteront dans l'exercice de leurs fonctions, soit à l'audience, soit au dehors, une médaille d'argent suspendue à un ruban noir en sautoir, le tout conformément au modèle ci-annexé.

Art. 2. Notre garde-des-sceaux, ministre-secrétaire d'état au département de la justice, et notre ministre-secrétaire d'état au département du commerce, sont chargés, chacun en ce qui le concerne, de l'exécution de la présente ordonnance qui sera insérée au bulletin des lois.

Donné au Château des Tuileries, le douzième jour du mois de novembre de l'an de grace 1828, et de notre règne le cinquième.

Signé : CHARLES.

Par le roi, le pair de France, garde-des-sceaux,

ministre-secrétaire d'état au département de la justice.

Signé : PORTALIS.

FIN DU CODE DES PRUD'HOMMES.

TABLE

ALPHABÉTIQUE ET ANALITIQUE,

DES MATIÈRES

CONTENUES DANS LE CODE DES PRUD'HOMMES;

A

D

G

H

Huissier. Les Conseils de Prud'hommes ont

I

Impression. Voyez *Affiches.*

Incompatibilité. Les membres des Prud'hommes ainsi que leurs greffiers, ne peuvent cumuler avec leur fonction celles attachées à quelques unes des autres places énoncées au titre 3 de la loi du 24 vendémiaire, an III. . . . .

(*Note de l'éditeur.*)

Interrogatoire. L'interrogatoire des prévenus est fait par le président du Conseil
des Prud'hommes. Voyez *instruction*.

J

(Note de l'éditeur.)

M

N

Nantissement. Les contre-maîtres et ouvriers ont pour leurs salaires un privilége sur les effets mobiliers de leurs dé-
biteurs, articles 2102, n° 3, 2103, n°s 4
et 5; 2110-2112 du code civil. . . . . . .

(Note de l'éditeur.)

Nomination des Prud'hommes. Voyez *élection*
des Prud'hommes.

O

Officiers de police auxiliaires du procureur
du roi; circonstances dans lesquelles les

Q

S.

FIN DE LA TABLE.